高职高专电子信息类"十三五"规划教材

通信营销概论与实训

王永学　董月秋　成敏娟　编著

西安电子科技大学出版社

内 容 简 介

本书以通信行业为背景，全面介绍了市场营销的基本概念。全书分为 10 章，主要包括通信营销的基本概念、通信市场营销环境分析、通信营销购买行为分析、通信市场营销调研与分析、STP 营销战略、通信营销组合及产品策略、通信营销组合——价格策略、通信营销组合——分销渠道策略、通信营销组合——促销策略和电信产业链概述。为了便于配合理论知识学习和课堂讨论，各章还配有相关案例，并在书末附录中编写了 10 个训练项目。

本书主要针对高职高专院校通信类专业学生，为通信类学生了解通信行业，熟悉营销理论和实践提供学习资料和素材。

图书在版编目(CIP)数据

通信营销概论与实训/王永学，董月秋，成敏娟编著.
—西安：西安电子科技大学出版社，2012.5(2017.7 重印)
高职高专电子信息类"十三五"规划教材
ISBN 978–7–5606–2769–4

Ⅰ. ① 通⋯　Ⅱ. ① 王⋯　② 董⋯　③ 成⋯　Ⅲ. ① 电信—邮电企业—市场营销学—高等职业教育—教材　Ⅳ. ① F626

中国版本图书馆 CIP 数据核字(2012)第 046067 号

策　　划　毛红兵
责任编辑　孟秋黎　毛红兵
出版发行　西安电子科技大学出版社(西安市太白南路 2 号)
电　　话　(029)88242885　88201467　　　邮　　编　710071
网　　址　www.xduph.com　　　　　　电子邮箱　xdupfxb001@163.com
经　　销　新华书店
印刷单位　陕西利达印务有限责任公司
版　　次　2012 年 5 月第 1 版　　2017 年 7 月第 2 次印刷
开　　本　787 毫米×1092 毫米　1/16　印　张　10
字　　数　231 千字
印　　数　3001～5000 册
定　　价　20.00 元
ISBN 978–7–5606–2769–4/F · 0067

XDUP 3061001–2
如有印装问题可调换

前　言

本书立足于高职高专教育体系，本着够用为度的原则，主要针对通信行业展开市场营销理论的讨论，旨在使高职高专院校通信类专业学生具备市场营销理论基础与基本的营销观念和能力，熟悉最新的通信行业发展和市场动态，以适应通信行业不断发展的潮流，为通信行业的发展培养高素质营销服务人才。

全书的主要特点在于，用通信行业(通信运营商、通信设备制造商、通信工程企业)的实际案例来配合基本的市场营销理论知识的讲解和分析，针对性强，与专业关联紧密，非常适合通信类专业学生的学习。

本书由王永学、董月秋、成敏娟编著，赵晓吉老师参与了本书的部分编写工作，王永学统稿。编写中还参考了不少专家学者的专著内容，在此表示诚挚的谢意。

本书可作为高职高专通信类专业的"通信营销"课程的教材，也可作为相关专业选修课教材和业余爱好者的自学用书。建议教学时数为 40～50 学时。

由于编者水平有限，书中难免存在疏漏和欠妥之处，恳请读者批评指正。

编　者
2011 年 9 月

目　　录

第一章　通信营销的基本概念

本章主要内容：

【1】市场和通信市场的概念；

【2】市场三要素；

【3】通信营销观念；

【4】让渡价值。

本章学时：4 学时

1.1　通信营销引入案例

2010 年度通信行业最具影响力营销案例——苹果 iPhone 4 饥饿营销

iPhone 的推出可以说是手机史上的一次革命。2010 年，苹果推出 iPhone 4，全球消费者更是大捧特捧，到处都是卖断货的消息。在中国的市场上，iPhone 4 一边跟运营商——联通合作，一边通过直营店销售。但是，无论是联通的捆绑式销售，还是直营店销售，iPhone 4 都是供不应求，令人大呼不可思议。

按照苹果的产品每年更新一次的频率，到 2011 年的 1 月，第五代的 iPhone 离我们又不远了，但这一切并未阻碍 iPhone 4 的热卖。多次断货之后，用户并未对这一款手机失去耐心，持续的炒作令该机更加惹火，价格也相当坚挺。在所有手机之中，苹果 iPhone 4 依旧是人气最旺的。

苹果 iPhone 4 采用直板全触控的设计，玻璃材质的加入令其具有了高端奢华的手感，视觉体验也很出色；3.5 英寸的电容触控屏有着(640×960)像素的超高分辨率，色彩和解析度都很高端，并且支持多点触控；iOS 系统有着全面完善的性能，足够用户的扩展；娱乐表现确实抢眼，内置 1 GHz 的处理器，并且拥有 512 MB 的 RAM 空间和 3D 图形加速器，整机的运行速度和用户体验都不错；内置 16 GB 的内存空间，基本满足用户的需求；网络方面，支持 WCDMA 网络，WiFi 和 GPS 导航也全部支持，表现很全面、强大。

苹果 iPhone 4 的断货非但没有让用户失去耐心，相反，这样的饥饿营销令该机在国内持续受到追捧。目前的价格依旧稳定，供不应求。

资料来源：《中关村在线 ZOL》

1.2 市场的概念

"市场"一词起源于古时人类对于固定时段或地点进行交易的场所的称呼。当城市成长并且繁荣起来后，住在城市邻近区域的农夫、工匠、技工们就会开始互相交易并且对城市的经济产生贡献。显而易见，最好的交易方式就是在城市中有一个集中的地方，可以让人们在此提供货物买卖及服务，方便人们寻找货物及接洽生意，这就是市场。当一个城市的市场变得庞大且更开放时，城市的经济活力也相对会增长起来。

现代市场是商品经济运行的载体或现实表现。市场具有相互联系的三层含义：

(1) 市场是商品交换场所和领域，是商品交换关系的总和。

从现实生活中，我们可以直接感受到商品服务市场与我们的关系最为密切。商品服务市场遍及我们生活的每一个角落，我们常见的大、小商场，各种各样的理发店、家具店、农贸市场、宾馆、饭店等，都属于商品服务市场。

随着社会交往的网络虚拟化，市场不一定是真实的场所和地点。当今许多买卖都是通过计算机网络来实现的，中国最大的电子商务网站——淘宝网，就是提供交往的虚拟市场。淘宝网是亚洲第一大网络零售商圈，致力于创造全球首选网络零售商圈，由阿里巴巴集团于 2003 年 5 月 10 日投资创办。淘宝网目前的业务跨越 C2C(消费者间)、B2C(商家对个人)等两大部分。截至 2008 年底，淘宝网的注册用户超过 9800 万，拥有中国绝大多数网购用户，覆盖了中国绝大部分网购人群；2008 年交易额为 999.6 亿元，占网购市场的 80%。

随着市场经济的不断深入，商品交换涉及的因素越来越多，用商品交换的场所来概括市场相对比较狭义，因此在广义上，可以用商品交换关系的总和来描述市场。

(2) 市场是买方和卖方力量的结合，是商品供求双方相互作用的总和。

在供求力量对比中，买方处于有利地位时称为买方市场，此时供大于求，买方有利，商品价格趋于下降。例如，2010 年的 2G 手机市场，各种手机琳琅满目，给消费者提供了充分的选择余地。

在供求力量对比中，卖方处于有利地位时称为卖方市场，此时求大于供，卖方有利，商品价格趋于上升。例如，2010 年的苹果 iPhone 4 手机市场，消费者需求得不到充分满足，导致市场脱销。

中国移动通信行业经历了主寡头垄断、双寡头垄断和三寡头垄断的市场结构格局演变，与这种市场结构演变相对应的中国移动通信业的价格竞争，则经历了无价格竞争、显性价格竞争、隐性价格竞争和后价格竞争等发展阶段。统计显示，从 2001 年到 2006 年，电信资费下降了 62%；2007 年实现了单向收费，移动通信资费下调了 13%；2008 年下调了 11%；2009 年也下降了 13%左右。由上述数据可见，随着移动通信产业的竞争越来越激烈，买方选择增多，导致买方力量增强，进而导致卖方降价。在垄断市场中，卖方力量强大，导致价格昂贵，买方完全没有议价空间。

(3) 市场是有购买力的需求：市场是一种商品或服务的所有购买者需求的总和。

市场是现实客户和潜在客户的需求。这一点包括两个方面，一方面包括有购买力和购买欲望的现实购买者，另一方面也包括暂时没有购买力或购买欲望的潜在购买者。通过这一点，我们可以很确切的知道，市场营销的关键在于满足客户的需求。

劳动分工使人们各自的产品互相成为商品，互相成为等价物，使人们互相成为市场；社会分工越细，商品经济越发达，市场的范围和容量也就越扩大。

1.3 通信市场的概念

根据市场定义，我们也可以对通信市场定义如下：

(1) 通信市场是通信产品的营销场所，通信企业和用户在通信市场完成产品交换。这里的通信产品包括电信服务(固定电话、宽带、移动电话等)、通信终端(手机、无线上网卡、GPS 等)、通信设备(交换机、基站等)，只要是通信产业相关的产品都可以算做通信产品。

(2) 通信市场是客户对通信产品需求的总和，是社会对通信产品、服务的现实的和潜在的需求综合。

根据以上对通信市场的定义，可将通信市场分为通信设备市场、电信业务运营市场、电信工程建设市场等。

1.4 市 场 的 要 素

通过以上对市场含义的表述可知，作为市场营销学所研究的有现实需求的有效市场，必须同时具备三个要素：消费主体、购买力、购买欲望。其关系可用公式简单表示如下：

市场 = 消费主体 × 购买力 × 购买欲望

(1) 消费主体是组成市场的基本细胞。一个国家和地区消费者消费主体的总量决定着潜在市场的大小。

(2) 购买力是组成现实市场的物质基础。购买力是指人们支付货币来购买商品或服务的能力，购买力的高低主要是由购买者收入的多少决定的。一般来说，人们的收入多，购买力高，市场和市场需求也大；反之，市场和市场需求就小。

(3) 购买欲望是购买力得以实现的必不可少的条件。购买欲望是指消费者购买商品的动机、愿望和要求，它要求企业提供的商品和服务能符合消费主体的要求，能够引起消费者的购买欲望。

市场的这三个要素是相互制约、缺一不可的，只有三者结合起来才能构成现实的市场，才能决定市场的规模和容量。市场三要素和市场的关系见表 1-1。除了这三个要素以外，企业的营销能力会直接影响消费者的购买欲望，所以也有人把它称为市场要素之一。

表 1-1 市场三要素和市场的关系

消费主体	购买力	购买欲望	分析结果
多	高	强	市场大
少	低	弱	市场小
少	高	强	市场有限
多	低	强	市场有潜力

通过以上分析可知，营销的关键就是发现有效市场。通信营销的关键在于发现通信市场中的有效市场，关注有潜力市场。

1.5 通信营销观念演变与案例分析

通信市场营销观念就是指通信企业的领导人在组织和谋划企业的营销管理实践活动中所依据的指导思想和行为准则，是通信企业领导人对于市场的根本态度和看法，是一切经营活动的出发点。

通信营销按企业性质可以分成以下几个方面的内容：

(1) 电信运营商相关的营销活动。比如中国电信、中国移动和中国联通相关的营销活动，包括分析电信市场环境、调查电信市场、预测电信业务、研究电信产品结构、设计电信业务和价格等。

(2) 通信设备制造商相关的营销活动。比如华为技术、爱立信、中兴通讯等企业的营销活动，这类企业主要通过研发通信设备来满足电信运营商的系统升级和业务开发需求，通过销售设备获得利润。

(3) 通信终端制造商相关的营销活动。比如手机终端制造商诺基亚、苹果、欧普等公司，这类企业通过将其生产的通信终端销售给客户来获得利润。

(4) 通信工程类企业相关的营销活动。比如广东长实、深圳通信工程等公司，此类企业主要通过系统整合、帮助运营商完成通信工程来实现企业利润。

此外还有通信业务类企业相关的营销以及其他通信相关企业的营销活动。

从市场经济发展和生产技术革命的历程看，市场营销观念经历了一个逐步演变和发展的过程，大致可以归纳成以下几种。

1. 生产观念(Production Concept)——生产导向，降低成本，提高产量

在生产观念下，"企业生产什么就卖什么"，供小于求，企业的工作中心在于提高生产率，降低生产成本。如 20 世纪 80 年代中国的家电市场。图 1-1 所示为生产观念下的企业内部比例。

图 1-1 生产观念下的企业内部比例

2. 产品观念(Product Concept)——生产导向，追求产品质量

在产品观念下，企业追求的经营核心在于产品质量，而非消费需求。企业如追求"酒香不怕巷子深"，则是得了产品自恋症，忽略了市场需求。他们追求的质量是自己眼中的

质量，而不是消费者眼中的质量。

这种观念的典型案例就是铱星移动通信系统，它是美国摩托罗拉公司设计的一种全球性卫星移动通信系统。从技术角度看，铱星移动通信系统已突破了星间链路等关键技术问题，系统研究发展的各个方面都取得了重要进展，技术上非常领先。该系统于 1998 年 11 月 1 日运营，1999 年 3 月 17 日，铱星公司正式宣布破产，耗资 50 亿美元建成的铱星系统以 2500 万美元的象征性价格卖给了一家公司。

3. 推销观念(Selling Concept)——生产导向，推销过剩产品

在产品供大于求的情况下，企业大力展开推销和促销工作。企业经营的核心在于推销和促销，而非消费需求。在此观念下，"企业卖什么，人们就买什么"。图 1-2 所示为推销观念下企业的内部比例。

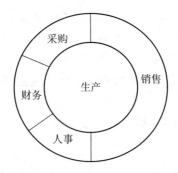

图 1-2　推销观念下企业的内部比例

4. 市场营销观念(4P 或 6P)(Marketing Concept)——需求导向，满足客户需求

市场营销观念在市场供大于求时产生，此时市场为买方市场。在买方市场中，企业的任务关键在于判断目标市场消费者的需求和欲望，并且要比竞争者更好地满足消费者的需求。为了满足客户需求，企业的宗旨是"客户需要什么，我们就生产什么"，"哪里有消费者的需要，哪里就有我们的机会"，以销定产。

市场营销观念的典型实例是小灵通。

小灵通技术与同时期的 GSM 技术相比，相对落后：小灵通基站的穿透力差，覆盖范围有限，有效距离经过技术改进后也不过 500 米。此外，小灵通技术信号较差、不能漫游。因此，当时中国移动、中国联通以及通信设备的龙头企业华为技术都不愿意发展该技术。

但是，小灵通业务也有其市场卖点，主要是以固话的资费标准，享受着移动电话的使用方式。在移动通信花费高昂的情况下，小灵通业务可以满足广大低端用户的需求。正是抓住了广大低端用户的需求，中国电信、UT-斯达康公司和中兴通讯等公司成为了小灵通大发展的受益者。

图 1-3　市场营销观念下企业的内部比例

图 1-3 所示为市场营销观念下企业的内部比例。

5. 生态营销观念(Ecological Marketing Concept)——社会导向，追求社会效益

生态营销观念认为，一个企业如同生物有机体一样，必须使它的行为和它周围的环境保持协调平衡，才能求得自身的生存和发展。因此，企业必须充分利用自己的优势，生产既满足客户需求又能发挥自身特长的产品，不能只片面追求满足客户需求，而需要扬长避短，创造优势。

传统的市场营销是将合适的产品、在适当的时间、以正确的方法、卖给需要的人。生态营销，则是把企业的价值观念、外观形象、服务水准等诸多常规管理要素纳入整体形象中，把所有的人都作为公司产品的潜在客户。如果传统的营销是企业在吆喝"客户，请注意"，那么，生态营销就是企业引导员工"请注意，他们都是我们的客户"。

6. 社会营销观念(Social Marketing Concept)——社会导向，追求生态和谐

在社会营销观念下，企业追求公司利润、消费者需求、社会公众利益三者的结合，认为只有基于公众利益和社会利益的营销才能持续。营销者在营销活动中要充分考虑社会与道德问题，必须平衡与评判公司利润、消费者需求满足和公共利益三者的关系。传统市场营销所注重的是市场和销售，没有把社会的利益加入到营销理念中去，这样就会导致和社会脱离。

社会营销观念如图 1-4 和图 1-5 所示。

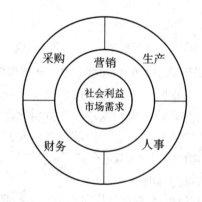

图 1-4　社会营销观念下企业的内部比例

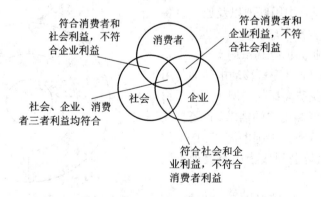

图 1-5　社会市场营销观念示意图

社会营销观念是对市场营销观念的补充与修正，理想的市场营销决策应同时考虑到：

① 消费者的需求与愿望；

② 消费者和社会的长远利益；

③ 企业的营销效益。

因此，社会营销观念是以社会长远利益为中心的观念。企业在社会营销观念的指导下所做的营销策略，除了考虑企业赚取利润，消费者获得满意，同时也考虑到了社会的长远利益，承担了一定的社会责任。

举个例子，目前垃圾短信满天飞，短信群发给通信运营商带来了高额利润，却影响了客户的生活。如果运营商从社会营销观念出发，就应该对垃圾短信进行过滤和处理，对那些乱发垃圾短信的号码进行封号处理，这样才能还大家一份宁静，也给企业带来良好的形象并带来社会效益。遗憾的是，目前移动运营商在这个方面并没有什么动作。

表 1-2 所示为以上几种观念的比较。

表 1-2 通信营销观念的比较

营 销 观 念	营 销 理 念
生产观念	客户接受任何他能买得到并且买得起的产品，提高生产和分销效率
产品观念	客户喜欢质量最好、操作性最强、创新功能最多的产品
推销观念	如果企业不进行大规模促销和推销，客户就不会购买足够多的产品
市场营销观念	正确确定目标市场的欲望和需要，比竞争者更有效地满足客户的欲望和需要，提供超值的产品和服务
生态营销观念	企业要把追求利润和满足客户需求统一起来
社会营销观念	公司利润、消费者需求满足和公共利益三者结合

7. 体验式营销

经济演进的过程随着消费形态的改变，已从过去的农业经济、工业经济、服务经济转变至"体验式经济"。体验式经济(Experience Economy)时代已来临，其区分经济价值演进的四个阶段为货物(Commodities)、商品(Goods)、服务(Services)与体验(Experiences)。

农业经济：在生产行为上是以原料生产为主；消费行为则仅以自给自足为原则。

工业经济：在生产行为上是以商品制造为主；消费行为则强调功能性与效率。

服务经济：在生产行为上强调分工及产品功能；消费行为则以服务为导向。

体验经济：在生产行为上以提升服务为首，并以商品为道具；消费行为则追求感性与情境的诉求，创造值得消费者回忆的活动，并注重与商品的互动。

所谓体验经济，是指企业以服务为重心，以商品为素材，为消费者创造出值得回忆的感受。传统经济主要注重产品的功能强大、外形美观、价格优势，现在的趋势则是从生活与情境出发，塑造感官、体验及思维认同，以此抓住消费者的注意力，改变消费行为，并为产品找到新的生存价值与空间。

图 1-6 所示为开展体验式营销的渠道和方向。

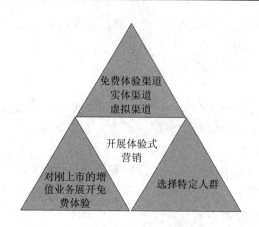

图 1-6 开展体验式营销的渠道和方向

对于通信产业而言，2G 时代主要以语音为主，由于网络的限制只能实现 GPRS、彩信等简单的数据业务，对于功能的使用无需培训和指导。而在 3G 时代，网络技术不断成熟，带宽迅速增加，可实现的数据业务种类呈现多样化、差异化，操作趋向复杂化。所以不能采用 2G 的销售方法，而是必须让客户亲自操作才能真正掌握和感受 3G 业务所带来的惊喜。那么 3G 业务该如何营销呢？

例如，苹果公司 iPhone 手机功能多，但是这些功能与客户又有什么关系？大家先看一个案例：一个客户每天都需要登录多个邮箱收发邮件，并且经常因为未能及时收发邮件而遭到领导批评。当他试用了 iPhone 手机后，发现可以设置多个邮箱，并通过手机方便地查看和转发邮件，而且还有新邮件到达提醒，体验后这个客户便付钱购买了。从这个例子可以看出价格不是客户选择的唯一标准。如果我们把产品的功能与客户的需求紧密地关联起来，就可以完成一次成功的销售，那么这就属于"体验式营销"，是一种全新的营销方法。

台湾著名资讯(Information)社会学教授罗家德先生在其《网络网际关系行销》一书中也曾指出了消费符号化的趋势。消费不仅仅是买有用的东西，而是成为消费者用来诉说自己的"语言"。一件衣服面料成本很低，但因为有了新颖的设计、创意的广告、动感的促销，就如同给其贴上青春、活泼、典雅、开放、大方的"价值"标签，又为这些价值寻找年轻的、高知识的、国际化的、反传统的等一些"社会性"的定位。"在过度富裕的社会里，当温饱、舒适已不成问题时，任何商品都'符号化'了，人们要买的已不止是商品本身，而是附加在商品上的象征意义。" 随着"体验"变成可以销售的经济商品，"体验式消费"或者说是"符号化消费"的旋风开始席卷全球产业。继"服务经济"之后，"体验式经济"已开始大行其道。

1.6 4P 或 6P 营销观念

这里的 4P(6P)指的是产品(Product)、价格(Price)、促销(Promotion)、分销(Place)(权力(Power)、公共关系(Public Relation))，企业可通过综合运用以上各个方面的手段来实现企业利润。本书的第六章主要针对 4P 理论展开讨论，详细论述各个因素涉及的营销手段和技术。

1.7 通信客户让渡价值与客户满意理论

1.7.1 让渡价值

让渡价值就是客户总价值与客户总成本之差。其中，客户总价值包括客户在购买和消费过程中所得到的全部利益，这些利益可能来自产品价值、服务价值、人员价值或形象价值。对客户总价值的分析是客户理论研究的重点。客户总成本包括客户为购买某一产品或服务所支付的货币成本，以及购买者预期的时间、体力和精神成本。

客户让渡价值 = 客户总价值 - 客户总成本

客户总价值主要指客户购买某一通信产品或者服务所获得的所有利益和便利，主要包括产品价值、服务价值、人员价值和形象价值等几个方面。客户总成本包括客户为购买某一通信产品或服务所花费的所有货币、时间、精力和体力等。

客户让渡价值的基本构成如表 1-3 所示。

表 1-3 客户让渡价值的基本构成

客户让渡价值，对客户来说越高越好	客户总价值，对客户来说越高越好	产品价值：产品的主要功能等，这是最重要的客户价值
		服务价值：售后服务、服务态度等
		人员价值：企业销售人员的工作质量带给客户的价值
		形象价值：产品给客户的形象带来的影响，如 iPhone 和"山寨机"对客户的形象影响是不同的
	客户总成本，对客户来说越低越好	货币成本：客户购买产品或服务的货币开销
		时间成本：客户购买产品或服务的时间开销
		精力成本：客户购买产品或服务的脑力消耗
		体力成本：客户购买产品或服务的体力消耗

例如，客户到超市购买手机，他的总价值就是手机 + 售货员的热情服务(介绍、调试) + 售货员的业务能力(是否在最短的时间内让客户听得很明白) + 售货员的形象(其外表、举止言谈是否让客户舒服满意)，客户的总成本就是买手机付的钱 + 买手机过程费的时间 + 挑手机费的精力 + 为此消耗的体力等。

1.7.2 通信客户满意理论

通信客户的让渡价值充分体现了客户在购买通信产品或服务时的价值和行为取向。但衡量客户是否满意，还不能简单用让渡价值的高低来直接衡量，因为每一位客户所看重的价值和成本是不一样的。举个例子，全球通客户希望有更好的服务，而稍贵一点的话费则不是特别看重，因此全球通客户更看重的是服务价值和时间成本，而神州行客户希望更加便宜，没有月租，他们更看重的是产品价值和货币成本。另外，月收入 1 万元以上的客户和月收入 2000 元以下的客户对每个月 200 元话费的预期绩效是完全不同的。

由此，通信客户满意度主要由客户预期绩效和实际感知绩效组成。客户预期绩效指客户购买产品或服务后期望获得的价值和便利；客户实际感知绩效指客户购买产品或服务后，实际感觉到的产品价值和便利。

如果客户预期绩效＜实际感知绩效，则客户不满意；

如果客户预期绩效＞实际感知绩效，则客户非常满意；

如果客户预期绩效＝实际感知绩效，则客户基本满意。

通过以上分析，企业在提高客户满意度时要注意在降低客户预期绩效和提升实际感知绩效两个方面努力。

客户是否满意对通信企业意义重大。据统计，一位满意的客户会将他的满意平均告诉3人～5人，而不满意的客户会把不满告诉8人～10人，这会严重影响企业形象和营销活动的顺利开展。因此，各个公司对提升客户的满意度都非常重视，尤其是通信企业的核心客户群，比如全球通客户的满意度对中国移动公司最重要。

典型的顾客满意理论模型是美国密歇根大学商学院质量研究中心提出的 CS 理论模型，如图 1-7 所示。这种模型认为顾客是否满意有三个前提：顾客期望、感知质量和感知价值。而顾客是否满意又与顾客忠诚、顾客抱怨相联系。前三个方面都对顾客满意度产生影响，而顾客忠诚度则受顾客满意度的影响。

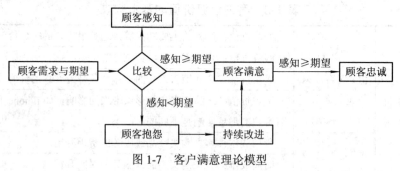

图 1-7　客户满意理论模型

小灵通案例——满足客户需求

提起小灵通，不得不提到两个人，一个是 UT-斯达康公司——小灵通的设备供应商的CEO 吴鹰，一个是被称为"小灵通"之父的浙江余杭电信局——小灵通的第一个运营商当时的局长徐福新。

而在这两个名字的背后，则揭示了小灵通发展的背景：中国电信的拆分成就了小灵通在中国的发展，UT-斯达康找出了市场所在，做"他人不做之事"，终成为小灵通市场最大的受益者。从某种程度上讲，小灵通的发展历程是中国电信改革的一个缩影，而 UT-斯达康公司的成长故事则是中国高科技民企在电信政策缝隙中成长的一个"样板工程"。

小灵通为什么会参与到中国电信改革的大局之中呢？为什么浙江一个地区级的电信局局长会被称为"小灵通"之父呢？

首先让我们来看看小灵通到底是什么。

"小灵通"不是一个技术术语，而是一个广泛流行的市场用语，泛指各类无线市话业务。它利用现有固定电话网络的交换、传输资源，以无线接入网方式提供可在一定范围内流动使用的无线通信系统。在台湾和日本，这项技术都有应用，但一般仅限于住宅小区之内和同一座写字楼内。但在中国，电信监管部门给它的定性是"固定电话的补充和延伸"；中国电信对它的卖点宣传是"有线的价格，无线的享受"；老百姓对它的解释是"把自家的电话揣在兜里，成了移动的固定电话，在市内随便走，还交固定电话的钱"。

一句话，小灵通就是中国电信以固定电话的名义和模式为用户提供的类似移动电话的服务。

中国电信为什么要在固定电话的业务基础上经营小灵通呢？换句话说，是存在着怎样的一个市场被小灵通利用了呢？

1997年，被企业化了的中国电信被剥离出了无线移动电话市场。但所有的电信运营商都清楚，今后电信市场发展的空间主要在移动业务，没有移动牌照的电信只能看着这个大市场束手无策，而中国电信显然不愿意丢掉这块肥肉。

中国的电信改革是从浙江开始的，浙江、江苏先把移动业务从电信里分出来，这时，UT-斯达康准确地意识到这将是一个市场机遇。因为从业务增长点的角度来说，杭州当时的电话普及率已经达到30%，意味着市区已经是每家都有电话了。只能经营固话业务的中国电信业务增长点能在哪里呢？如果这时推出无线市话，就能圈出一个潜在市场，从过去以户为单位变成以人为单位计算，至少可以达到3倍到4倍的增量。

1997年12月，浙江余杭电信局局长徐福新在余杭开始了第一个"小灵通"无线市话的试点——历史成就了他"小灵通之父"的美誉。

UT-斯达康公司将从日本移植来的PHS技术嫁接到电信的固定网上，使小灵通从原本的无线通讯技术变成了一个固定网的无线变种，而电信部门只利用原有的固定电话网络资源和交换容量即可开展小灵通业务，不用再支付固网使用费。小灵通的建设成本和运营成本低，也就有了低价入市、抢夺客户的基础。

小灵通创造了电信分家后的一个新业务点，成了电信争夺移动市场的唯一法宝。小灵通的问世，使中国已有的固定电话网"老树发新芽"。

在小灵通开通之前，余杭地区平均每部固定电话的月通话业务量只有30元～40元，开通之后，上升到60元～70元，显现了小灵通在争夺话务量方面的优势。

各地电信部门争相开通小灵通业务，引发了一股蜂拥而至的发展潮，当时，电信监管部门的案头摆了超过200多个城市的中国电信要求上小灵通的报告。

的确，中国电信的拆分成就了小灵通，中国电信选择了小灵通。但UT-斯达康公司成功的根本，是它找到了市场的缝隙，号准了市场需求的脉搏。

自小灵通被引进中国起，对它最大的非议，就是认为它的技术有落后之嫌：小灵通基站的穿透力差，覆盖范围有限，有效距离只有200米，经过技术改进后，也不过达到500米。可以想象，要在一个城市布满小灵通的移动网络，需要多少个基站。首先开通小灵通的西安市，虽然用户数只有10万，但基站就架了6万个。有些用户还反映，如果用户移动的运动速度达到30千米/小时，因为基站的频繁切换，根本无法进行通信。

但消费者是最务实的。小灵通作为一种个人无线接入系统，最让消费者看中的是其"以固话的资费标准，享受着移动电话的使用方式"。因此，小灵通才会在竞争激烈的电信市场中如此深得人心，在政策环境并不明朗的条件下攻城略地。小灵通所恃之勇，就是巨大的消费需求。

中国移动和中国联通数落小灵通的最大"罪状"就是信号较差、不能漫游这两点。而一位小灵通的用户这样看待小灵通的漫游问题："其实小灵通能否漫游对我来说影响并不大，我也不是经常到外地。"而他的看法似乎也是绝大多数小灵通用户的看法。有相关数据统计表明，中国电信小灵通的用户90%的时间都在本地；另一个例证是，中国 GSM 话务量中统计下来漫游费用只占10%。

小灵通抓住的空子，就是移动和联通在长期高利润下，没有做消费市场的细分，低端市场用户的需求没有被满足。

偌大的中国，既有小轿车也有自行车。小灵通能够以燎原之势发展起来，主要还在于市场的推动。在电信技术日新月异的今天，只有满足市场需求的技术才最具有生命力，也只有市场才拥有真正的发言权。

无论对小灵通存在怎样的争论，但一项业务的成功有赖于适宜的技术、正确的定位和恰当的运营策略。而最为重要的是，市场是检验一切的最终力量。存在的不一定都合理，而合理的必将会获得成功和认可。

小灵通的出现在中国是一个争议，正因为这种争议，彰显其成功的非凡意义，为服务供应商上了生动的一课：重视客户的需求。

小灵通案例中固然有部分是因为技术方面的原因，但更多的还是从消费者的需求入手：中国移动和中国联通忽视了广大低端用户的需求，正是这一点支持着小灵通以迅捷的速度冲乱了现有的通信市场，动摇了联通和移动的客户群，从搅局到顺利做局，进而确立了自己在低端市场的地位。

 案例二

摩托罗拉铱星移动通信系统——产品观念脱离客户需求

铱星移动通信系统是美国摩托罗拉公司设计的一种全球性卫星移动通信系统。它通过使用卫星手持电话机，透过卫星可在地球上的任何地方拨出和接收电话信号。当地面上的用户使用卫星手机打电话时，该区域上空的卫星会先确认使用者的账号和位置，接着自动选择最便宜也是最近的路径传送电话信号。如果用户是在一个人烟稀少的地区，电话将直接由卫星层层转达到目的地；如果是在一个地面移动电话系统(GSM 或 CDMA 移动通信系统)的邻近区域，则控制系统会使用现有的地面移动通信系统的网络传送电话信号。目前我们使用的 GSM 和 CDMA 地面移动通信系统只适于在人口密集的区域使用，对于地球大部分人烟稀少的地区则根本无法使用。也就是说，铱星计划的市场目标定位是需要在全球任何一个区域范围内都能够进行电话通信的移动客户。为了保证通信信号的覆盖范围，获得清晰的通话信号，初期设计认为全球性卫星移动通信系统必须在天空上设置 7 条卫星运行轨道，每条轨道上均匀分布 11 颗卫星，组成一个完整的卫星移动通信的星座系统。由于这 77 颗卫星就像化学元素铱(Ir)原子核外的 77 个电子围绕原子核运转一样，因此该全球性卫星移动通信系统被称为铱星。后来经过计算证实，设置 6 条卫星运行轨道就能够满足技术性能要求，所以，全球性卫星移动通信系统的卫星总数被减少到 66 颗，但仍习惯地称其为铱星移动通信系统。

铱星移动通信系统最大的技术特点是通过卫星与卫星之间的接力来实现全球通信，相当于把地面蜂窝移动电话系统搬到了天上。它与目前使用的静止轨道卫星通信系统比较有两大优势：一是轨道低，传输速度快，信息损耗小，通信质量大大提高；二是不需要专门的地面接收站，每部卫星移动手持电话都可以与卫星连接，这就使地球上人迹罕至的不毛之地、通信落后的边远地区、自然灾害现场的通信都变得畅通无阻。所以说，铱星移动通信系统计划开始了个人卫星通信的新时代。铱星移动通信系统于1996年开始试验发射，计划1998年投入业务，预计总投资为34亿美元，卫星的设计使用寿命为5年。铱星移动通信系统为用户提供的主要业务是：移动电话(手机)、寻呼和数据传输。从技术角度看，铱星移动通信系统已突破了星间链路等关键技术问题，系统基本结构与规程已初步建成，系统研究发展的各个方面都取得了重要进展，在此期间全世界有几十家公司都参与了铱星计划的实施，应该说铱星计划初期的确立、运筹和实施是非常成功的。

铱星系统的问世，创造了一个世纪末科技的童话：在珠峰上，能用手机把自己的声音传遍全世界；在南北极科考活动中，平常的移动电话无能为力时，铱星手机却一枝独秀、独挑大梁。

1998年5月，铱星系统的布星任务全部完成，11月1日，正式开通了全球通信业务。然而，当摩托罗拉公司费尽千辛万苦终于将铱星系统投入使用时，命运却和摩托罗拉公司开了一个很大的玩笑：传统的手机已经完全占领了市场。由于无法形成稳定的客户群，铱星公司亏损巨大，连借款利息都偿还不起，摩托罗拉公司不得不将曾一度辉煌的铱星公司申请破产保护。在回天无力的情况下，只好宣布即将终止铱星服务。摩托罗拉公司正式通知铱星电话用户，到1999年3月15日，如果还没有买家收购铱星公司并追加投资，铱星的服务将于美国东部时间3月17日23点59分终止。3月17日，铱星公司正式宣布破产。从正式宣布投入使用到终止使用不足半年时间。摩托罗拉公司铱星计划的失败给予人们的思考是多方面的，高技术带来的高风险即使在摩托罗拉这种跨国巨人面前也显得这样残酷无情，任何产品最终都要接受市场的检验，盲目发展以及对市场错误估计的代价是惨重的。

铱星最终还是没有"炸"，经过多回合的谈判，耗资50亿美元建成的铱星系统以2500万美元的象征性价格卖给了一家公司，所有债务全部剥离。

江苏移动体验营销

近几年来，江苏移动以"手机俱乐部"为载体，努力打造新业务体验平台。凡在网的签约客户，通过兑换一定的积分或达到规定的新业务使用量即可成为俱乐部会员。会员除可用会员价格购买定制手机、积分兑换配件、享受一站式售后维修服务外，还可进行新业务体验，并可以定期参加新业务培训、讲座及业务推介等会员活动。

为增强客户对移动生活的美好感受，江苏移动在全省建立了多处移动未来生活展示厅，以紧贴生活的情节为主线，以场景为分区，整合各项已有和未来的新业务，让客户在参观过程中亲身体验掌上电视、移动导航、移动办公、移动票务、身份认证、多媒体彩铃、视频彩信、家庭监控等业务在未来生活中的应用。这些贴近生活的移动新业务应用给数以万计的个人、集团客户留下了美好的憧憬和遐想。

为了帮助客户有效体验新业务，江苏移动推出了新业务体验卡。每张体验卡中预充值了一定额度的新业务使用费，未使用过相关新业务的客户可以用体验卡免费对该业务进行体验，通过体验了解业务的使用和操作过程。体验卡对每一项新业务都做了详细介绍，客户对各类新业务的特点和操作方法一目了然，真正做到了"无形业务、有形展示"。体验卡的推出，对于培养客户使用习惯、激发客户对新业务的兴趣具有十分重要的作用。同时，通过推广体验卡，江苏移动积累了丰富的客户资料信息，为公司针对目标群体开展定向营销打下了良好的基础。

香港 CSL 体验营销案例分析

香港 CSL 被公认为是全港最先采用清晰市场细分策略的移动通信服务商，通过旗下的两个品牌——1010 及 One2Free，为不同客户群提供优质、创新及切合需求的移动通信服务。

本案例将重点剖析 1010 及 One2Free 这两大品牌带给消费者的体验。消费者对产品有良好的体验，就会增加品牌价值。因此，最初的体验营销设计以及后续的体验营销维护都要吻合品牌本身传递给消费者的个性。

1. 香港 CSL 体验营销设计

体验营销就是企业通过让目标客户观摩、聆听、尝试、试用等方式，使目标客户体验产品或服务，让客户感知产品或服务的品质与性能，促使客户认知、偏好并购买这种产品(或服务)，最终创造满意交换、实现双方目标的一种营销方式。市场细分与目标定位是体验营销设计的起点。根据客户移动性、语音需求及性质、日常生活行为等因素，CSL 将香港移动通信非流动客户分为两个有潜质的细分市场——商务群与高价值社交群(见图 1-8)，并由此诞生了两个品牌——1010 及 One2Free。

图 1-8　CSL 公司对香港移动通信市场的细分

"1010"品牌针对商务群体，代表的含义是"十全十美"的意思。如果把品牌 LOGO 旋转 90°，还可以发现是一个"哥"字，传达一种"一哥"和"老大"的体验。因此，其品牌定位强调的是领导地位、高素质、优越感。

而"One2Free"品牌针对年轻一族高价值的社交群体，代表的含义是"Run To Free"(追求自由)的意思，用手势更表达出有个性、自由、奔放的体验。因此，其品牌定位强调的是创新、走在潮流尖端、有生活品位。

这两个个性鲜明的品牌在消费者体验点和细节上也下足了工夫。具体如表 1-4 所示。体验点从广告视听到营业厅身临其境，到加入门槛、资费组合的偏好，到售后的客户服务、社团活动、忠诚度计划，再到最高思想层面的理念，无时无处不散发出其品牌独具的情感号召力。

表 1-4　1010 和 One2Free 品牌的体验点对比

体验点	1010	One2Free
1. 广告视听	著名钢琴家广告片	短信连续故事广告片
2. 营业厅视觉	1010 酒店式营业厅	One2Free 周杰伦品牌店、互联网店
3. 入网门槛	入网费从 360 港元至 1480 港元	入网费 228 港元以上
4. 资费组合	3 种不同的资费组合	6 种不同的资费组合
5. 客户服务	1010 中心、私人助理服务	无
6. 社团活动	客户俱乐部	无
7. 忠诚度计划	clubBestTM 积分计划	无
8. 体验理念	我们认为时间就是金钱，所以每个通话都保质保量	无论什么情况下，我们的服务都能符合您的个人生活的要求

2. 香港 CSL 体验营销维护

科技在发展，需求在变化。从 1010 和 One2Free 品牌创立之后，新的变化促使 CSL 对客户的体验营销内容也在与时俱进。以下从新技术变化的角度分析其维护的要点。

消费者对丰富的图像、动画、定位、游戏等资讯的需求，推动 3G 移动通信有了新的发展。如何让不同品牌的客户有不同的体验呢？虽然技术是一样的，但经过 CSL 的策划后，两类客户均得到了各自所需的产品和感受。

1010——3G 体验尊贵独享。只有 1010 客户可以尊享全新多媒体资讯频道，客户关心的资讯全部被精心编排在同一界面，透过综合 3G 网络，随时随地用手机一触即达，包括新闻、财经、娱乐、音乐、Mobile ESPN、足球、高尔夫球、赛马及 Discovery Mobile 频道，让客户拥有多元化选择。

One2Free——3G 科技乐在其中。One2Free 为客户送上更多的 3G 移动资讯娱乐，超过 20 个娱乐资讯台的即时资讯包罗万象，如直播新闻、直播财经……轻轻一按，台台即转即看，跳播另一集也没有问题。CSL 有最好玩、最齐全的潮流增值服务，客户可以玩尽视像地带、音乐 FreeR 接驳铃声、多和弦铃声、短信或彩信、Game FreeR、Sports FreeR、"型"幕图案、周杰伦自由空间、移动 E-mail，还有最 Update 的潮流资讯！

显然，这两个品牌在新技术的引领下，传达给各自客户的仍是原来塑造的品牌形象和体验，只是更新了体验的内容。因此说，一个好的体验营销策划案是服务于品牌战略的，在不能改变品牌形象的基础上，不断丰富和提升客户的体验。

 案例五

某移动公司客户满意度调查报告

百纳电信咨询公司有幸承担了某省客户满意度研究项目。此次调研涉及某省移动通信公司所有的在网客户，调查区域将涉及全省所有的地市公司。调查对象包括移动全球通、神州行和动感地带等三大品牌客户，以及竞争对手联通的 G 网和 C 网客户。调查方法为电话随机访问。全年分两次调查，共抽取了 19 600 个有效样本。样本抽取流程为：整理所有客户资料，分别将全球通客户、神州行客户、动感地带客户、联通客户的号码建立成数据库；将某省移动通信公司的某品牌客户的手机号码升序排列；计算抽样间距：抽样间距＝某省移动某品牌客户数量/本次调查的样本数量；在品牌客户号码数据库中任意选取一个号码作为随机起点，以上面计算出的抽样间距依顺序选取手机号码，直到选取到足够样本量的号码为止；将选取好的客户号码重新建立成一个数据库，较为方便的是 Excel 格式；在上述数据库中，将客户号码随机排序，即可做成电话访问的基础号码资料库。

为确保数据质量，在项目确认访问开始前，百纳电信咨询公司对所有参与项目的督导人员进行前期的项目培训，同时也对访问人员进行严格培训。针对督导人员的项目培训包括：讲解问卷内容以及访问中问卷注意事项，明确各部门负责内容，强调执行中的注意事项；针对访问员的培训有：基础培训——严格考核所有预备访问员的语言以及访问技巧，实行考核上岗制度；项目培训——详细介绍项目操作、问卷内容、样本定义、配额以及访问流程；行为培训——对访问员进行行为培训，以加强访问员态度、礼貌、言语流程意识，维护移动外呼中心的统一形象。实施现场实时在线监听：对访问实行在线监听，保证所有访问员都被监测到；记录/监控访问员访问中礼貌、态度、流程操作和问卷内容把握等。同时实施访问录音检查监听：对所有访问员的访问录音进行随机抽取监听，侧重访问操作和问卷内容。

通过对该省客户满意度调研数据的分析可知：2007 年上半年，某省移动客户忠诚度为86.1%，与 2006 年下半年相比提升了 2.1 个百分点，各地市均有不同幅度的提升，其中，某市上升幅度最大；全省满意度为 83.6%，与 2006 年下半年相比下降了 0.8 个百分点，除某地市外，其他地市均有所下降；忠诚度比满意度高出了 5.5 个百分点；与竞争对手相比，某省移动客户的满意度领先 16.5 个百分点，忠诚度领先 17.9 个百分点，与 2006 年下半年相比，领先程度均有所缩小；各商业过程中，某省移动通信公司需要改进的首要环节是投诉处理、信息宣传、新业务、热线服务，其次改进环节为营业厅、话费信息和缴费服务。

影响客户满意度的因素主要是感性驱动因素：若感性驱动因素表现得分提升 10 分，客户满意度将提升 8 分；若理性驱动因素表现提升 10 分，客户满意度只提升 3.1 分。而在影响理性因素与感性因素的因素中，商业过程对理性因素的影响更明显：若商业过程表现得分提升 10 分，理性因素表现将提升 8 分；感性因素表现只提升 4.3 分。改进投诉处理、信息宣传、新业务、热线服务等商业过程服务短板，将会明显提升该省客户满意度。

习 题 一

1．简述市场的含义。
2．通信市场主要有哪几个部分，主要有哪些产品和服务？
3．通信市场的基本要素有哪些？
4．请分析和论述通信营销观念的演变和发展。
5．请举例说明通信企业提高客户让渡价值的手段和方法。
6．请以移动营业厅或移动客户服务中心为例，讨论如何提高客户满意度，如何提升客户感知绩效，如何降低客户预期绩效。

第二章　通信市场营销环境分析

本章主要内容：
【1】通信市场营销环境的概念；
【2】宏观环境与微观环境，机会环境与威胁环境，长期环境与短期环境；
【3】通信市场营销环境的分析方法。

本章学时：4 学时

2.1　通信市场营销环境

通信市场营销环境是与通信企业营销活动有潜在关系的所有外部力量和相关因素的集合，它是影响企业生存和发展的各种外部条件。通信市场营销环境可能带来两种不同性质的影响：

(1) 可能给某些电信企业提供新的市场机会。

例如，移动通信技术的出现给电信企业带来了移动通信业务爆发式的增长，使通信运营商、通信设备制造商和通信终端企业都迎来了发展的机遇。国家 3G 牌照的发放，使电信运营商——中国电信获得了移动牌照，从而改变了中国电信业务单一、无法运营移动业务的处境，给中国电信带来了机遇。同时，国家 3G 牌照的发放也迎来了中国第三代移动通信系统建设的新高潮，使相关的通信设备制造商、通信工程公司、移动通信网络规划和网络优化公司有了高增长的空间。

(2) 可能会带来某种威胁。

同样是移动通信技术的发展，使固定电话业务开始告别快速增长的好势头，逐渐淡出市场的主流。此外，3G 牌照的发放，使中国移动通信有了 3 家运营商，这对于原来在第二代移动通信系统——GSM 系统运营中处于垄断地位的中国移动公司而言，则带来了威胁，造成其客户的流失和垄断利润的减少。

2.2　通信市场营销环境的分类

通信市场营销环境对于通信企业的生存以及企业战略的制定至关重要，企业只有对市场环境有正确的认识和理解，并采取正确的策略才能获得发展，赢得机会。为了详细分析通信市场营销环境，对通信市场按以下几个方面进行分类。

2.2.1 宏观环境与微观环境

1. 宏观环境

通信市场的宏观环境包括人口统计环境、经济环境、政治法律环境、科学技术环境、社会文化环境和自然环境等因素。它对通信企业的市场营销活动的影响具有强制性和不可控性，企业无法摆脱和控制宏观营销环境，只能适应宏观环境。

1) 人口统计环境

人口是市场的第一要素。通信市场是由有购买欲望同时又有支付能力的人构成的，人口环境直接影响移动通信市场的存在。人口环境包括 4 个方面：人口总量、年龄结构、地理分布、性别差异。

人口总量：我国是一个人口大国，拥有近 14 亿人口。随着国内经济的迅速发展，人民收入不断提高，对通信的需求也越来越旺盛，因而通信市场的潜力非常巨大。

年龄结构：根据我国 1997 年人口抽样调查数据，我国 15 岁～64 岁人口占总人口的比重为 67.92%，这个年龄段的人是通信的主要用户。

地理分布：我国东部沿海地区人口密集、经济发达，通信消费市场巨大，一直以来都是通信运营商激烈竞争的重要市场。经过十多年的发展，城市地区的手机普及率已经非常高，农村地区则普及率较低。农村地区是未来的有潜力的通信市场，但农村人口收入较低，通信消费层次也较低。

性别差异：一般说来，我国男性与外界的联系较多，对移动通信服务的需求较强；女性与外界的联系少于男性，对通信服务的需求相对较弱。随着通信技术的发展，移动通信的便利性已吸引了越来越多的女性使用手机，因而女性用户群是目前迅速增长的细分市场。

2) 经济环境

经济环境指影响移动通信服务产品市场营销方式与规模的经济因素，包括消费者收入与支出状况、经济发展状况等。经济因素直接影响了潜在用户对移动通信服务产品的购买和使用。2008 年爆发金融危机，受经济萧条的影响，失业率上升，人们收入水平下降，导致通信消费下降，这显然给通信企业的营销活动带来巨大的冲击。

收入与支出状况对于通信产品来说，消费者个人收入越高，需求就越大。随着消费者收入的变化，支出模式与消费结构也发生相应变化。衡量消费者收入水平的重要指标是恩格尔系数，它指食品支出占总支出的比例。

$$恩格尔系数 = \frac{食品支出总额}{消费支出总额} \times 100\%$$

恩格尔系数越大，生活水平越低；恩格尔系数越小，生活水平越高。联合国依据恩格尔系数划分的贫困与富裕的标准如表 2-1 所示。根据该标准，通信企业可以将恩格尔系数小于 50% 的消费者定为目标用户。

表 2-1　恩格尔系数与贫富标准

恩格尔系数	> 59%	50%～59%	40%～50%	30%～40%	< 30%
贫富标准	绝对贫困	勉强度日	小康水平	富裕	很富裕

3) 政治法律环境

政治环境指企业市场营销的外部政治形势。安定团结的政治局面，不但有利于经济的发展和人民收入的增加，而且可增强消费者对未来收入增长的预期，导致消费者对移动通信服务需求的上升；而国家对通信行业的保护性政策，如在进入世贸组织时所签订的电信协定，规定了外国电信运营商进入中国市场的时间和参股比率，为国内移动通信企业的发展赢得了宝贵的时间。

法律环境指国家或地方政府颁布的各项法规、法令和条例等。法律环境可调节移动通信产品市场消费需求的形成和实现。移动通信企业一方面要严格依法经营，另一方面也可以运用法律手段来保障自身的权益。

4) 科学技术环境

科学技术是第一生产力，科技的发展对经济的发展有巨大的影响。科学技术环境不仅直接影响企业内部的生产和经营，同时还与其他环境因素互相依赖、互相作用，给企业营销活动带来有利与不利的影响。通信行业是知识技术密集型行业，技术发展迅猛，升级换代速度较快，新业务、新功能层出不穷。新一代通信技术的运用，为用户提供了更强大的通信服务，为企业拓宽了市场，产生更好的经济效益；也使得移动通信企业目前正在运营的产品逐渐退出市场，从而加重企业负担，缩短企业投资收益期，对市场营销工作提出了更高要求和目标。

5) 社会文化环境

社会文化主要指这个国家或地区的民族特征、价值观念、生活方式、风俗习惯、宗教信仰、伦理道德、教育水平、语言文字等的总和。社会文化环境对移动通信企业市场营销的影响是多层次、全方位、渗透性的，对所有营销的参与者都有着重大的影响，这些影响多半是通过间接的、潜移默化的方式来进行。

教育水平：消费者受教育的程度不同，影响着他们对商品的鉴别力和消费心理。一般来讲，受教育程度较高的消费者，对移动通信服务质量的鉴别力也较高，购买时较理性；受教育程度较低的消费者，对移动通信服务质量的鉴别力稍差，感性认识对购买的影响较大。

价值观念：指人们对社会生活中各种事物的态度和看法。不同文化背景的人，其价值观念的差异很大，通信企业应对不同的价值观念采取不同的营销策略。

消费时潮：由于社会文化多方面的影响，使消费者产生共同的审美观念、生活方式和情趣爱好，从而导致社会需求的一致性，这就是消费时潮。随着移动通信服务价格的降低，它已从时尚消费品逐渐成为普通生活用品，甚至对某些人来说已成为生活必需品，因而消费时潮的变化对通信的服务质量和标准提出了更高的要求。

6) 自然环境

营销的自然环境主要指营销活动所需要的或受营销活动所影响的自然资源。例如，原材料的短缺、能源成本的上升、污染的加剧以及政府对自然资源的管理和干涉等都属于影响营销的自然环境因素。华为公司近年来提出绿色华为概念，设计出风能、太阳能基站，节约能量，这也是顺应了自然环境因素的要求。

2．微观环境

通信市场营销微观环境是指与企业关系密切，与企业的营销活动直接发生关系的组织与行为者的力量和因素，可细分为企业内部环境、供应商、中间商和服务商、客户、竞争者、公众等，如图 2-1 所示。例如 2010 年和 2011 年，中国电信连续两年获选"亚洲最佳管理公司"，中国电信的内部制度和环境就是中国电信的微观影响环境。

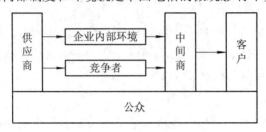

图 2-1　通信企业微观环境因素

1) 企业内部环境

通信企业的市场营销部在公司高层管理部门规定的职责范围内做出营销决策，并按照企业总体目标制定市场营销方案，经企业管理高层批准后施行。但市场营销部不是孤立存在的，它与财务、后勤服务、运行维护等部门之间既有多方面的合作，也存在争取资源方面的矛盾。各部门的业务状况如何，营销部门与其他部门的合作以及它们之间是否协调发展，对营销决策的制定和实施影响极大。因此，通信企业应整合企业现有的各种资源，协调公司内部各部门，使各部门都围绕企业目标而协同工作，以实现企业目标。

2) 市场营销渠道企业

供应商：供应商是向通信企业及其竞争者提供生产经营所需资源的企业或个人，包括设备、软件、增值业务的内容提供等。

供应商对通信企业的市场营销业务有重要的影响。供应商所提供的通信设备的好坏，直接影响到通信服务质量，而设备的价格、维护成本的高低则直接影响通信企业的投资回收期，进而影响通信服务的成本价格和利润。而为通信企业提供增值业务内容的服务商，其所提供增值业务内容质量的高低，直接影响通信企业增值业务的收入和顾客对企业的评价。因此，供应商对于通信企业的市场营销活动的影响很大，企业应保持与供应商的良好关系。

对于设备供应商，企业应严格检查其所提供设备的质量和性能，抓好供应商对企业的售后培训，在售后服务时限上提出明确要求，以保证通信质量；对增值信息内容提供商，对其为用户提供的信息内容要严格把关，在内容丰富多彩的基础上，要注意其内容的合法性、健康性，杜绝向用户发送不健康及违法信息，从而维护企业的声誉和形象。

中间商：中间商是指协助通信企业促销或销售其产品给最终用户的机构或个人。中间商是通信企业市场营销活动的重要合作伙伴：一方面中间商依靠促销或销售企业的通信产品来取得佣金收入，与企业共同发展；另一方面，中间商又存在有别于通信企业的自身利益，这些利益中的一部分与通信企业的利益相冲突，在利益的驱动下，中间商有可能做出违背通信企业市场营销政策的行为，影响企业营销战略的实施和推广。因而，通信企业应对中间商实行既扶持又管理的策略。

3) 客户

顾客是通信企业的目标市场，是企业的服务对象，也是企业市场营销活动的出发点和归宿。企业的一切营销活动都应以满足顾客的需要为中心。因此，顾客是企业最重要的环境因素。影响顾客购买通信产品的主要因素有三种：消费偏好、对价格的预期心理和相关电信产品的购买量。

消费偏好是指消费者在与周围环境的接触中，对某事物产生的一种偏爱。通信产品的购买较易受心理因素的影响，一种时尚的流行，某种群体行为的影响，都可能产生很大的趋同效应，促成顾客主动地、不加思考地购买。因此，通信企业的市场营销人员应正确地分析目标市场顾客的心理特征，注意其不同个性和差别，对不同的目标市场，有针对性地进行广告促销，努力培养其偏好，扩大通信市场需求。

顾客对价格的预期心理是顾客对自己拟购买的通信产品的价格在未来的一定时期涨、跌的内心判断。当顾客拟购买某种通信产品时，一旦市场上该商品价格发生波动，顾客预期价格将进一步上涨时，他们就会提前购买，从而扩大了一定时期内的需求量；当他们预期价格在不远的将来可能下跌时，就可能推迟购买，这样便减少了一定时期内的需求量。对通信企业而言，价格战将导致顾客产生降价预期，从而对企业的市场营销产生不利影响，因此，通信企业应尽量避免价格战。

相关电信产品购买量的变化，会引起通信产品的需求量的变化。通信产品与其他电信产品如固定电话、寻呼之间既存在相互替代的替代品关系，又存在相互连带的互补品关系。二者主要表现在：一方面，通信消费代替了固定电话和寻呼的消费，因而通信消费量的增加会使得固定电话和寻呼的用户减少；另一方面，通信的消费又与固定电话和寻呼的消费具有连带性，通信的消费量提高，则通信用户与固定电话用户和寻呼用户的联系增加，从而带动固定电话与寻呼的消费量的上升。

4) 竞争者

通信市场属典型的寡头垄断市场。一个企业要想比其他企业做得更好，必须识别和战胜竞争对手，才能在顾客心目中强有力地确定其所提供产品的地位，以获取战略优势。通信企业由于其提供通信产品的同质性较强，差异性较弱，因而其竞争多属于品牌竞争。

品牌竞争是指满足同一需求的同种形式产品的不同品牌之间的竞争。在通信品牌竞争中，有三个方面对企业竞争产生影响：卖方密度、行业进入难度和产品差异化。卖方密度和行业进入难度由国家所发放的通信运营牌照所决定，它在一定时期内相对稳定，企业对此无能为力；产品差异化则是通信寡头赢得更大市场份额时所需特别注重的方面，企业应加强产品差异化宣传，以获得更大市场。

5) 公众

公众是指对通信企业实现市场营销目标的能力有实际或潜在利害关系和影响的团体和个人。通信企业面对公众的态度，会协助或妨碍企业营销活动的正常开展。因此，企业应采取积极措施，树立良好的企业形象，力求保持与公众之间的良好关系。通信企业所面临的公众主要有以下七种：

融资公众：指影响企业融资能力的金融机构，如银行、保险公司。企业应稳健地运用资金，在融资公众中树立信誉。

媒介公众：主要指报纸、杂志、广播、电视等大众传播媒体。通信企业应与媒体组织建立友善关系，争取有更多更好的有利于本企业的新闻、特写以至社论，即使遇到突发的危机事件，企业也能从容地进行危机公关，以渡过危机。

政府公众：指负责管理通信业务的有关政府机构。通信企业的发展战略和市场营销计划，必须同政府主管部门的行业发展计划、产业政策、法律规定相一致，在其具体的市场营销活动中，也应注意要在法律许可的范围之内进行，尽量争得政府支持。

社会公众：包括保护消费者权益组织、环保组织及其他群众团体等。通信企业的市场营销活动关系到社会各方面的切身利益，必须密切注意来自社会公众的批评和意见。

社区公众：指企业所在地附近的居民和社区组织。通信企业必须注重保持与当地公众的良好关系，积极支持社区的重大活动，为社区发展贡献力量，争取让社区公众理解和支持企业的营销活动。

一般公众：指上述各公众之外的社会公众。一般公众虽然是无组织地对通信企业采取行动，但通信企业的企业形象会直接影响到他们的惠顾。

内部公众：指通信企业的员工，包括高层管理人员和一般职工。通信企业的所有市场营销计划，都需要企业内部全体员工的充分理解、支持和具体执行。因而，企业应经常向员工通报有关情况，介绍企业发展计划，发动员工出谋献策，关心职工福利、奖励有功人员、增强企业凝聚力，从而通过企业员工影响顾客及社会公众，以实现企业营销计划。

2.2.2　机会环境与威胁环境

1．机会环境

市场营销机会环境是指对企业市场营销活动有利的各项影响因素的总和。比如，移动电话客户的庞大规模，手机终端功能的不断提升，手机游戏、彩铃等增值业务的发展，这些都刺激了电信增值业务和对终端产品的需求，这对于电信增值业务相关企业来说属于机会环境；3G牌照的发放，对于中国电信而言属于机会环境。通过3G，中国电信获得了移动通信运营牌照，大大拓宽了其业务领域，可以直接参与与其他运营商的竞争；深圳市紧临香港，每年深港两地人流量很高，中国移动于是开通了深港通业务，满足了大量在深港两地往来的旅客，抓住了市场营销机会，在满足客户需求的同时获得了利润。

机会环境有两个维度：一是机会可能给企业带来的潜在利益的大小，二是机会出现的可能性大小。将两个维度结合在一起，构成机会分析矩阵。如图2-2所示。

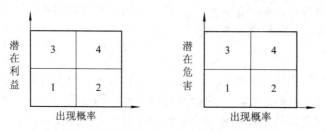

图 2-2　通信市场机会分析矩阵和威胁分析矩阵

2．威胁环境

市场营销威胁环境是指对企业市场营销活动不利的各项因素的总和。例如，移动通信的迅猛发展给传统固话语音业务带来冲击，是固话市场的威胁环境；苹果 iPhone 与联通绑定后的热销对于中国移动公司而言，带来的是核心客户流失的危险，因此是威胁环境。

威胁环境也有两个维度：一是环境威胁可能造成的危害程度，二是环境威胁出现的可能性大小。将两个维度结合在一起，就构成了威胁分析矩阵，如图 2-2 所示。

通过机会和威胁分析，可以得到不同企业所处的位置，如图 2-3 所示。

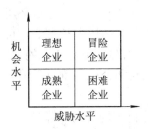

图 2-3　机会和威胁分析

(1) 理想企业：企业处于理想经营状况，高机会、低威胁。
(2) 冒险企业：企业处于高机会和高威胁。
(3) 成熟企业：企业处于成熟状态，低机会、低威胁。
(4) 困难企业：企业处于低机会和高威胁。

2.2.3　长期环境与短期环境

1. 长期环境

市场营销长期环境是指环境因素对企业市场营销活动的影响是长期的，不可能马上改变。例如，某地区经济发展水平较低，制约消费者的支付能力，这种影响属于长期环境，通信企业无法短期改变它；阿拉伯国家信仰伊斯兰教的穆斯林，每年都要向着麦加方向朝拜，这是他们长期的文化，有公司针对穆斯林的需要设计了带特殊指南针的手机，方便了朝拜，使手机的销售适应了这一长期环境。

2. 短期环境

市场营销短期环境是指环境因素对企业市场营销活动的影响是短期的，有可能很快改变或消失。例如，华为公司联手美国 3COM 公司进入美国路由器市场，用优质低价的策略很快赢得了市场的青睐，导致路由器霸主美国思科公司的起诉，华为公司通过技术、法律等一系列措施成功应对了这场危机。

2.3　通信市场营销环境评价——SWOT 分析法

在不同的通信市场营销环境下，通信企业应该对自身所处的营销环境进行仔细分析，并根据环境的情况不断调整企业的经营理念和方针，以适应环境，发展企业。对企业营销环境进行分析的方法有很多种，最常见的就是内外部环境综合分析模型，即 SWOT 分析模型。

采用 SWOT 分析模型进行市场营销环境分析称为 SWOT 分析法，又称为态势分析法，它是由旧金山大学的管理学教授于 20 世纪 80 年代初提出来的。SWOT 的四个英文字母分别代表优势(Strength)、劣势(Weakness)、机会(Opportunity)、威胁(Threat)。所谓 SWOT 分析，即态势分析，就是将与研究对象密切相关的各种主要内部优势、劣势、机会和威胁等，通过调查列举出来，并依照矩阵形式排列，然后用系统分析的思想，把各种因素相互匹配起来加以分析，从中得出一系列相应的结论，而结论通常带有一定的决策性。通过综合分析企业内部和外部的环境，分析自身优势和劣势，分析环境中的机会和威胁，从而帮助企业在竞争和经营中扬长避短，抓住机会。运用这种方法，可以对研究对象所处的情景进行全面、系统、准确的研究，从而根据研究结果制定相应的发展战略、计划以及对策等。SWOT 分析法常常被用于制定集团发展战略和分析竞争对手情况，在战略分析中，它是最常用的方法之一。

在实际中使用 SWOT 分析法分析市场营销环境时，要注意以下几点：

(1) 进行 SWOT 分析时必须对公司的优势与劣势有客观的认识；

(2) 进行 SWOT 分析时必须区分公司的现状与前景；

(3) 进行 SWOT 分析时必须考虑全面；

(4) 进行 SWOT 分析时必须与竞争对手进行比较，比如优于或是劣于你的竞争对手；

(5) 保持 SWOT 分析法的简洁化，避免复杂化与过度分析；

(6) SWOT 分析法因人而异；

(7) 一旦使用 SWOT 分析法决定了关键问题，也就确定了市场营销的目标。

SWOT 分析法可以详细分析企业所处的市场环境。通过 SWOT 分析后，企业应该针对自身具体情况，确定相应的应对策略(SO，WO，WT，ST)，具体如图 2-4 所示。

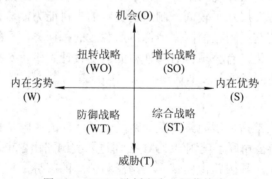

图 2-4　SWOT 分析和企业经营战略

增长战略(SO)是一种理想的战略模式，能够最大限度地发挥企业的内部优势和充分利用外部机会，战略管理者都希望自己的企业处于这样一种状况。此时企业应该采取增长战略，尽可能扩大企业规模，获取更多利润，扩大企业优势。

扭转战略(WO)是利用外部机会来弥补内部劣势，使企业的劣势地位有所改变。当由于内部劣势导致的困难制约了企业利用一些外部机会时，一般采用此种战略。

综合战略(ST)是利用企业的优势回避或减轻外部威胁。企业通过内部资源的合理安排，可以利用自身优势将外部威胁对企业发展造成的不利影响降到最低。

防御战略(WT)是一种应付企业危机的战略。当企业内忧外患、时时面临被并购或破产的危险时，需要在克服内在劣势的同时回避外在威胁。

案例一

中兴华为等遭印度反倾销大棒　最高达进价236%

对包括华为和中兴在内的中国通信企业来说，印度是重要的海外市场之一，如今更已成为中兴的第一大海外市场。而这一市场也已成为全球竞争最激烈的电信市场，中国通信企业的拓展一直就是"如履薄冰"。而今，印度的反倾销大棒又开始砸向中国通信企业了。

从 2009 年 12 月 8 日开始，印度财政部宣布将对原产于中国的同步数字传输设备(Synchronous Digital Hierarchy transmission equipment，SDH)征收临时反倾销税，最高为产品进口价格(CIF)的 236%。税率按照 SDH 产品进口价格来计算，各个企业的征税幅度各不相同。其中，烽火通信科技股份有限公司税率为 CIF 价格的 236%；上海贝尔股份有限公司税率为 CIF 价格的 29%；华为技术有限公司税率为 CIF 价格的 50%；其他中国企业(包括中兴通讯)税率为 CIF 价格的 236%。一家以色列公司在中国的子公司——杭州依赛通信有限公司被按照 CIF 价格的 93%征税。

据了解，印度有两家 SDH 设备生产商——Tejas 网络公司和 Measurement & Control 公司，由于受到了来自中国企业的竞争，对方认为，中国和以色列的 SDH 设备在印度市场进行廉价销售，损害了印度本国生产者的利益，因此于今年 4 月，向印度商工部反倾销总局提出反倾销调查。

这是印度今年对我国新发起的第三起反倾销调查。调查期为 2008 年 4 月～12 月。最后据印度商工部统计，2008 年 4 月～9 月，印度从中国进口的 SDH 产品价值为 2.43 亿美元。印度于 2009 年 9 月做出了肯定性终裁。相关税率从 12 月 8 日开始执行。

印度市场是全球最激烈的电信市场，价格战极其惨烈，这对中国设备商的利润情况提出了考验。每一个设备商都把印度电信市场提升到"第二个中国市场"的地步。从 2008 年开始，印度电信市场的新增用户已经超过中国。而中兴每年在印度市场的销售额都在 8 亿美元至 10 亿美元。

让中国设备商颇受挑战的是，印度主管部门多次以各种理由阻挠中国设备商的产品进入，比如以"国家安全"为由禁止运营商采购中国设备商的产品，前不久又以限制签证的方式，要求大批持有"商务护照"的中国员工回国。

一位不愿透露姓名的中国设备商人士表示，这项政策对中国通信企业的影响还有待观察，影响程度取决于 SDH 设备在中国设备商品出口印度产品中的比重。从目前来看，对于华为和中兴来说，这个比例都不算大。但不可否认的是，SDH 设备是中国通信企业非常重要的一个产品类别。

就在前不久，华为和中兴刚刚宣布了在印度市场的拓展计划。华为表示，2008 年，华为在印度市场的营收为 13 亿美元，目前有 4000 名员工。华为计划在未来的 18 个月，在印度市场增加 2000 名员工。

中兴在印度也有 1000 多名员工，其中本地化员工接近 90%，今年已经是中兴进入印度十周年。中兴预计，未来两年，中兴在印度市场将实现利润和现金流的重大突破。

思考：

1. 印度为什么要针对中国企业征收高额反倾销税？

2. 华为和中兴等设备制造商应该如何应对印度这样的市场环境？

3. 为什么在如此恶劣的市场环境中，华为、中兴等通信设备公司仍然要大力投资印度市场？请详细分析印度通信设备市场的宏观环境。

资料来源：《第一财经日报》

中国电信连续两年获选"亚洲最佳管理公司"

【搜狐 IT 消息】2011 年 1 月 24 日消息，在国际权威财经杂志《Euromoney》最新年度亚洲最佳管理公司评选中，中国电信股份公司不仅再次获投资分析师投票选为"中国最佳管理公司"第一名，且在亚洲所有行业综合评选中，再次获选为"亚洲最佳管理公司"第一名，成为首家连续两年获得这项荣誉的公司。同时，中国电信也在单项评选中获得亚洲"最佳企业管治奖"、"最令人信服企业战略奖"及"管理层最乐于与资本市场沟通奖"。

《Euromoney》指出：中国电信能够再次囊括多个奖项，主要得益于其清晰兼具有说服力的长远发展战略。此外，分析师还赞扬中国电信的高透明度和良好对外沟通能力。

《Euromoney》的"亚洲最佳管理公司"评选是亚太区内最具代表性的奖项之一，今年是第十届，深受资本市场高度重视。今年共有 287 位来自亚太地区投资银行和研究机构的领先投资分析师参与，他们将各公司的管理层素质、市场优势、盈利能力、长远增长前景、管理层与资本市场沟通、财务披露及企业管治等因素作为评审准则，对亚太区的上市公司进行评选。中国电信股份公司能够在本次评选中荣获多个大奖，表明投资者、分析师及资本市场充分肯定中国电信在公司管理及企业管治方面的优秀表现，并高度认同公司卓越的执行力及良好的对外沟通能力。

思科起诉华为侵权

【网络资料】2002 年，华为设立美国分公司 Futuer Wei 之后，思科第一次感觉到了近在咫尺的威胁。思科起家于加州，公司的 LOGO 就是著名的旧金山的金门大桥的剪影。华为专门策划了一个暗示性极强的广告：一边是金门大桥和路由器，另一边是金门二桥和相似的路由器，广告词意味深长地说："它们唯一的不同，就是造价。"

这是一则典型的反应了华为公司性格和竞争优势的广告，即咄咄逼人的行事风格和低价格的产品。但是它触怒了行业巨头思科公司。"华为在国内的这些做法我们从来不加理会，这里就是这样一个具体的商业环境。但是它把这些带到了美国，股东们看了非常生气。思科怎么能这样放任竞争对手呢？如果我们不对华为采取一些措施，股东们不会同意。"思科中国北方区的一位销售经理在接受本刊采访时称，这是思科起诉华为最直接的原因。一个被命名为"Beat Future Wei"的组织也随后在思科内部成立。

华为很快又自己撞到了枪口上。按照业内流传的说法，华为当时正在积极谋取海外上市，除已聘摩根斯坦利为财务顾问，还在香港找了知识产权的法律顾问来为上市做知识产权的公证。法律顾问按照惯例将有关知识产权疑义的地方交到思科美国总部求证，保证未来不会对华为的上市或者上市后造成影响。思科的法律顾问发现有些代码雷同后，于是，故事开始了。

思科中国区总裁杜家滨向本刊记者介绍，去年的 12 月 9 号，思科派了一位副总裁到中国来，去华为谈有关侵权的问题，华为并没有派出主要负责人进行接待。在将近一个半月的时间沟通没有得到回应后，思科副总裁改而与政府有关部门进行沟通。"当没有办法得到顺利解决的时候，只好在华为公司在美国分部的所在地提起诉讼。"杜家滨说。事后，思科发表声明说，"我们发现，这些官方机构对我们的顾虑表示理解和尊重。"

毫无疑问，侵权事实是明显的。思科的律师在法庭上有一段相当幽默的开场白：如果华为的源代码是自己写的，它的几率与一个人今天写莎士比亚的《哈姆雷特》，结果两本书的每一个字完全相同是一样的。

华为的应变能力的确让人钦佩。据说思科起诉的当天，华为就作了最迅速的反应，主动将被诉侵权的产品撤出了美国市场。"其实在美国被诉的机器只有不到 10 台而已，我们很快就和客户解决了。"华为的一位人士透露。

同时，华为在外松内紧地处理这件事，用华为流行的话叫"暗水潜流"。副总裁费敏带领一班人集中攻关，3 个月内一定要拿出类似而没有思科知识产权的产品。三个月后费敏等人果然成功。诉讼反而成为增强华为信心的正面教材，振奋员工。华为方面乐观地认为这场诉讼已经结束，所谓的暂时停止是思科给自己的下台台阶。

▨ 案例四

《工信部关于 1900 MHz～1920 MHz 频段相关事宜的通知》

根据《关于第三代公众移动通信系统频率规划问题的通知》(信部无[2002]479 号)，1900 MHz～1920 MHz 为我国第三代公众移动通信系统(TDD 方式)的主要工作频段。为配合国家对第三代公众移动通信的整体推进部署和安排，支持具有我国自主知识产权的 TD-SCDMA 技术的发展和应用，现将有关事宜通知如下：

一、1900 MHz～1920 MHz 频段无线接入系统应在 2011 年底前完成清频退网工作，其所用频率无条件收回。

二、自发文之日起，运营企业应对在用的 1900 MHz～1920 MHz 频段无线接入系统停止扩容和发展新用户，不得扩大覆盖范围。

三、中国电信集团公司和中国联合网络通信集团有限公司应采取措施，确保该频段的无线接入系统不对 1880 MHz～1900 MHz 频段的 TD-SCDMA 系统产生有害干扰。

四、中国电信集团公司和中国联合网络通信集团有限公司须制定相关的退网方案。同时，应按照《电信条例》、《电信服务规范》相关规定，提前对相关用户进行退网和转网的公开通告和宣传，采取积极措施妥善安排现有用户的通信需求，维护用户利益。

五、各级无线电管理机构应加大对违规使用 1900 MHz～1920 MHz 频段的执法力度，查处违法违规电台。

各地无线电管理机构、通信管理局和电信运营企业要密切配合，共同做好 1900 MHz～1920 MHz 频段无线接入系统的清频退网工作。

工业和信息化部
二○○九年一月九日

某大学毕业生的个人 SWOT 分析

一、个人基本情况：****年9月考入**********，将在****年7月毕业。在校期间学习了通信、电磁波、电磁场等理论知识。

二、优势(Strengths)

1. 做事比较认真、踏实，有浓厚的学习兴趣和一定的实力，尤其对通信技术方面具有浓厚的兴趣。

2. 乐观积极的生活态度，善于发现事物和环境的乐观积极的一面。

3. 富有极强的责任心和耐心，并且喜欢做相关的工作。

4. 对社会现象有自己的思考，有一定的分析能力。

5. 有较强的竞争意识，能充分利用环境资源，即与环境的交互能力强。

6. 有一定的书面表达能力，逻辑思维性和条理性较强。

三、劣势(Weakness)

1. 性格两面性，对管理工作来说具有天生的缺陷。

2. 办事不够细腻，有时考虑问题不全面。

3. 做事不够果断，尤其事前作决定的时候老是犹豫不决。

4. 做事有时拖拉，不够雷厉风行。

5. 工作、学习有些保守，冒险精神不够，并且创新能力有待提高。

四、机会(Opportunities)

1. 改革开放二十多年来，我国的经济飞速发展，国家"十一五"规划体现出继续发展的势头，这对人才的需求是增长的。

2. 加入世贸组织后，外企的进入为我们提供了很广阔的机会。

3. 在学校里有构建良好的人际关系的条件。

4. 就专业知识方面来说，通信技术正在飞速发展，而我的专业也很符合市场的需求。

五、威胁(Threats)

1. 距离毕业还有半年的时间，各种准备不够充分，相比其他重点大学的学生来说自身实力不够突出。

2. 企业单位对个人素质的要求不断提高，特别是对于英语来说，就不能只满足于听、写，表达能力也至关重要。

3. 公司及用人单位对毕业生的要求提高，更需要有经验的人才。而对于刚毕业的我，没有任何工作和实践的经验，严重制约了自己的选择范围。

4. 当今比我优秀的人才很多，而且机会并不是绝对均等的，这时就不单单是知识的比拼，更是对个人发现机会、展示自己并把握机会能力的考验。

六、SWOT 策略分析

SO 战略/WO 战略：

1. 在学校的现阶段继续努力学习，掌握更多的知识，努力提高自己的竞争力。

2. 积极参加一些社交活动，扩展自己的人际交往圈，提高自己的自信心。

3. 多参加实习锻炼活动，为自己的就业创造更多的机会，积累更多的经验。

4. 利用自己乐观、积极的工作态度，勇于创新，挑战自己的决策能力。

ST 战略/WT 战略：

1. 现阶段不断扩展知识面，并多学习专业知识，特别是自己感兴趣的人力资源管理方面的专业知识，将来可以在此方面有所发展。

2. 将内外部结合起来，不断搜集相关信息进行分析总结，把握当前的形势，不断完善自己，等待机会。

习　题　二

1. 什么是 SWOT 分析法，请用 SWOT 分析法对个人就业形势进行分析。

2. 通信市场营销环境的宏观环境和微观环境包括哪些因素？请从宏观和微观两个方面对通信设备制造商的市场营销环境进行分析。

3. 请从技术发展的角度分析当前中国电信运营商的宏观市场营销环境。

4. 什么是恩格尔系数？请分析恩格尔系数与个人话费之间的关系。

第三章 通信营销购买行为分析

本章主要内容：
【1】通信客户购买行为的形成过程；
【2】黑箱理论；
【3】通信客户购买行为的 5W2H 分析法。

本章学时：6 学时

3.1 通信客户购买行为的形成过程

一般而言，通信客户购买行为的形成过程由四个阶段构成，如图 3-1 所示。

图 3-1 通信客户购买行为的形成过程

刺激：包括外部刺激和内部刺激。例如，在发生自然灾害时，人们会立刻打电话给亲友报平安，这时就需要消费电信产品，这就属于外部刺激。而平时人们由于工作、生活沟通的需要而购买手机等终端通信产品，并消费电信运营商的通信服务，这就属于内部刺激。

需求：通信客户的需求具有多层次、多样的特点，不同个人、不同企业对通信产品具有不同的需求。就个人需求而言，马斯洛需求模型把个人需求分为生理需求、安全需求、社交需求、尊重需求、自我实现需求等五个层次。

购买动机：购买动机是直接驱使消费者实行某种购买活动的一种内部动力，反映了消费者在心理、精神和感情上的需求，购买动机直接导致购买行为。

购买动机主要涉及以下几个问题：

➢ 消费者为什么需要某种商品或劳务？
➢ 为什么从多种商品中选购了某种品牌的商品？
➢ 为什么消费者对商品广告有截然不同的态度？
➢ 为什么消费者经常惠顾某些零售商店？

表 3-1 为购买动机的具体分类。

表 3-1　购买动机分类

购买动机	分　　类
感情动机	求美动机(从美学角度选择商品) 嗜好动机(满足特殊爱好) 攀比动机(对地位的要求；争强好胜心理)
理智动机	求实动机(产品的实用价值) 求新动机(产品的新潮、奇异) 求优动机(产品的质量性能优良) 求名动机(看重产品的品牌) 求廉动机(喜欢买廉价的商品) 求简动机(要求产品使用程序简单；产品购买过程简单)
惠顾动机	根据感情和理智的经验，习惯性购买某些特定品牌

3.2　通信客户购买行为模式

3.2.1　黑箱理论

在营销学中，人们会经常提到消费者"黑箱"。所谓黑箱，是指人们不能或暂时无法分解或剖开以直接观察其内部结构，或分解、剖开后其结构和功能即遭到破坏的系统。

消费者黑箱又称购买者黑箱，是指消费者在受到外部刺激后所进入的心理活动过程。由于它对企业来说是一种看不见、摸不着、不透明的东西，故称其为消费者黑箱。

从营销角度来看，购买者黑箱将揭示什么人、在什么时间、在什么场合、抱着什么目的去消费什么产品。在产品销售过程中，虽然许多商家知道自己产品的质量、价格以及消费者购买的结果，但是他们却不知道购买者是怎么想的，以及购买者的决策过程是什么样的。现在许多营销学都在研究购买者黑箱。图 3-2 为购买者黑箱理论框图。

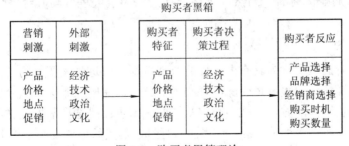

图 3-2　购买者黑箱理论

3.2.2　通信客户购买行为分类

按通信客户的购买态度与要求可以把通信客户的购买行为分成以下几种类型。

1. 习惯型

消费者对某种商品的态度，常取决于对该商品的信念。信念可以建立在知识的基础上，也可以建立在信任的基础上。例如：保护身体安全的信念、满足情感需要的信念、值得信赖的信念，都能加深对某种商品的印象，形成一种习惯性态度，使其在需要时会不加思索地去购买，这就形成了购买行为的习惯性。属于此类行为的购买主体，往往根据过去的经验和使用习惯进行购买活动，或长期光临某商店，或长期使用某个厂牌、某个商标的商品，而很少受时尚风气的影响。

2. 理智型

理智型消费者的购买行为以理智为主，感情色彩较少。他们往往根据自己的经验和对商品知识的了解，在采取购买行动前，注意收集商品的有关信息，了解市场行情，经过周密的分析和思考，做到对商品的特性心中有数。在购买商品时，主观性较强，不愿别人介入。受宣传以及售货员介绍的影响甚少，往往是购买者自己对商品作一番细致的检查、比较，反复地权衡各种利弊因素后，在不动声色中完成购买行为。

3. 感情型

感情型消费者购买行为的兴奋性较强，情感体验深刻，想象力特别丰富，审美感比较灵敏，因此购买主体在购买商品时容易受感情的影响，也容易受宣传的诱导，往往以商品品质是否符合其感情的需要来确定是否购买。

4. 冲动型

冲动型消费者的个性心理反应敏捷，客观刺激物容易引起他们心理的指向性，其心理反应与心理过程的速度比较快。这种个性特征反映到购买的实施时便呈冲动型。此类行为易受商品外观质量的影响，以直观感觉为主，时尚产品对其吸引力较大。他们一般对所接触到的第一件合适产品就想买下，而不愿作反复选择和比较，因而能快捷地完成购买活动。

5. 经济型

经济型购买行为的消费者在选购商品时多从经济角度考虑，对商品的价格非常敏感。例如，有的从价格的高昂来确定商品的优质，选购高档商品；有的从价格的低廉来评定商品的实惠，选购廉价商品。当然，价格选择的原因很大程度与其经济条件和心理需要有关。

6. 疑虑型

疑虑型消费者的购买行为具有内倾性的心理特征。有这种购买行为的消费者善于观察细小事物，行动谨慎、迟缓，体验深而疑心大；选购商品时从不会冒失仓促地作出决定，听取商品介绍和检查商品时，往往小心审慎和疑虑重重；挑选商品的动作缓慢费时，还可能因犹豫不决而中断；购买时常常"三思而后行"，购买后还会疑心是否上当受骗。

7. 不定型

不定型的购买行为常发生于新购买者。他们缺乏购买经验，购买心理不稳定，往往是随意购买或奉命购买；在选购商品时大多没有自己的主见，表现出不知所措的言行。有这类购买行为的消费者，一般都渴望得到商品介绍的帮助，且容易受外界的影响。

3.3　通信客户购买行为的分析方法

营销人员在研究通信客户购买行为时，通常采用"5W2H"分析方法，即：

(1) 为何购买(Why)：明确购买目的，包括公司采购、自己需要、为父母或朋友购买、业务需要等。

(2) 购买什么(What)：明确购买对象。例如充值卡或 SIM 卡，手机、通信设备等。

(3) 何时购买(When)：明确购买时间，包括季节、节假日、工作日等。

(4) 何处购买(Where)：明确购买地点，包括电信营业厅、商场、生产企业直销店等。

(5) 如何购买(How)：明确购买方式，主要方式有批量购买、单一购买、网络购买、邮购、合同约定等多种方式。

(6) 购买多少(How Many)：明确购买数量。

(7) 谁来购买(Who)：明确购买主体。

3.4　影响消费者购买行为的主要因素

3.4.1　影响消费者购买行为的四大因素

影响消费者购买行为的主要因素有文化因素、社会因素、个人因素和心理因素等四个方面。

1. 文化因素

文化因素会影响消费者的购买行为，进而影响企业的经营。例如，中国人喜欢红色，很多产品尤其是节假日使用的产品都喜欢用红色的。中国联通为了与中国移动区分，把企业标志由蓝色改为红色的中国节；中国人每年春节都要拜年，大年三十和正月初一就是拜年短信业务量暴增的时刻，各大运营商都要全力确保自己的系统在此时不要出现拥塞。

2. 社会因素

社会因素对消费者的购买行为也影响巨大。例如，追星族在购买与自己喜欢明星相关的消费品上往往不计成本，如演唱会门票、专辑、电影等；足球爱好者在世界杯举行期间，其消费行为也与平时迥然不同，开展足球直播业务的电视台和网络媒体的收视率大幅增加。

3. 个人因素和心理因素

个人因素和心理因素主要包括年龄、职业、经济状况、生活方式以及个人性格等。例如，国内的低收入阶层喜欢用神州行或小灵通，买山寨机；高收入阶层则喜欢用全球通，买苹果 iPhone 或诺基亚等高端手机；男士大多喜欢用稳重大方的手机，女士大多喜欢粉色小巧的手机；年轻人喜欢用手机发短信、上网，老年人用手机则主要是语音电话。

3.4.2　马斯洛需求层次理论

著名的马斯洛需求层次理论对分析个人消费者的行为有着重要的参考价值。马斯洛认为，人类的需求是由生理需求、安全需求、社会需求、自尊需求和自我实现需求组成的，只有低层次的需求得到满足后才能产生高层次的需求。

图 3-3 所示为马斯洛需求层次体系。

图 3-3　马斯洛需求层次体系

3.4.3　家庭购买行为

对于家庭而言，所处不同阶段也会导致购买行为的完全不同。如下所示：

(1) 单身阶段：年轻、不住在家里。几乎没有经济负担，新观念的带头人，娱乐导向。喜欢购买一般厨房用品和家具、汽车、旅游度假产品等。

(2) 新婚阶段：年轻、无子女。经济比上一阶段要好，购买力最强，耐用品购买力高。喜欢购买汽车、冰箱、电炉、耐用家具、旅游度假产品等。

(3) 满巢阶段 I：最年幼的子女不到 6 岁。家庭用品采购的高峰期，流动资金少，不满足现有经济状态。储蓄部分钱，喜欢新产品，如广告宣扬的产品。喜欢购买洗衣机、烘干机、电视机、婴儿食品、胸部按摩器和咳嗽药、维生素、玩具娃娃、手推车、雪撬和冰鞋等。

(4) 满巢阶段 II：最年幼的子女 6 岁或超过 6 岁。经济状况较好，有的妻子有工作，对广告不敏感，购买大包装商品，配套购买。喜欢购买各式食品、清洁用品、自行车、音乐课本、钢琴。

(5) 满巢阶段 III：年长的夫妇和尚未独立的子女同住。经济状况仍然较好，许多妻子有工作，一些子女也有工作，对广告不敏感，耐用品购买力强。喜欢购买新颖别致的家具、汽车、游泳用品、非必需品、船、牙齿保健服务、杂志。

(6) 空巢阶段 I：年长的夫妇，无子女同住，户主仍在工作。大量拥有自己的住宅，经济富裕且有储蓄，对旅游、娱乐、自我教育尤感兴趣，愿意施舍和捐献，对新产品无兴趣。喜欢购买度假用品、奢侈品、家用装修用品。

(7) 空巢阶段 II：年老的夫妇，无子女同住，户主已退休。收入锐减，赋闲在家。喜欢购买有助于健康、睡眠和消化的医用护理保健产品。

(8) 鳏寡阶段 I：尚在业余工作。收入仍较可观，但也许会出售房子。

(9) 鳏寡阶段 II：完全退休。需要与其他退休群体相仿的医疗用品，收入锐减，特别需要得到关注、情感和安全保健。

3.5　参与购买行为的角色

对于市场营销人员而言，识别购买者的角色非常重要。营销人员只有识别了和自己联系的对象在购买过程中的具体角色，才能目标明确地开展具体的营销努力。

一般而言，参与购买行为的角色有以下 5 个：

(1) 倡议者——首先想到或提议购买某一电信产品或服务的人。

(2) 影响者——其观点或建议对最终购买决策有直接或间接影响的人。

(3) 决策者——对整个或部分购买决策作出最终决定的人。

(4) 购买者——购买决策的实际执行人。

(5) 使用者——电信产品购买后，使用或消费产品与服务的人。

例如，分析家庭购买行为，按决策者可分为丈夫支配型、妻子支配型、共同支配型以及各自做主型。其购买产品的偏好就会明显不同：

(1) 丈夫支配型：人身保险、汽车、电视机。

(2) 妻子支配型：洗衣机、地毯、家具、厨房用品。

(3) 共同支配型：度假、住宅、户外娱乐。

(4) 各自做主型：男女主人各自买自己喜好的东西。

3.6　购买行为的决策过程

图 3-4 描述了购买行为决策过程的不同阶段，分别为确认需求、收集信息、评估方案、购买决策、购买后行为。

图 3-4　购买过程的五个阶段

确认需要：确认消费者有待满足的需要到底是什么。

收集信息：寻找和分析与满足需要有关的商品和服务的资料。

评估方案：购买方案的选择和评价阶段。

购买决策：作出购买决策和实施购买的阶段。

购买后行为：消费者对所购商品是否满意，以及会采取怎样的行为。

3.7　商业客户购买行为分析

与普通消费者不同，商业客户的购买行为受商业或企业内部及其他因素的影响，在分析商业客户的购买行为时，要采用如图 3-5 所示的商业客户购买者黑箱进行分析。

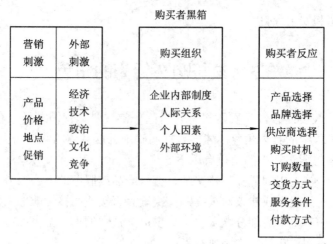

图 3-5　商业客户购买者黑箱

3.8　影响商业客户购买行为的主要因素

影响商业客户购买行为的主要因素有环境因素、组织因素、人际因素和个人因素等四个方面。

1．环境因素

环境因素包括需求水平、经济形势、资金成本、供应条件、技术条件、竞争情况、法律法规等因素。例如，中国三大运营商中国移动、中国电信和中国联通只有等国家发放了3G 牌照之后才能大规模采购相关制式的通信设备；同时，国家为了避免垄断，给中国移动发放了相对较弱的 TD-SCDMA 制式的牌照，中国移动只能在国家许可的范围内大规模建设相应制式的通信系统。这些都是环境因素对商业客户购买行为的影响。

2．组织因素

组织因素包括各个企业和组织内部的规章制度和管理模式。各个相关企业的购买行为必须遵守企业内部的制度约束，例如，中兴通讯的采购主要由康讯公司负责。

3．人际因素和个人因素

人际因素和个人因素包括企业内涉及购买的所有人员的相互关系及他们各自的喜好。一个公司的决策者、采购部门负责人和采购人员都在不同程度上影响该企业的购买行为。

3.9　竞争者分析

通常企业在行业中要面临来自各个方面的竞争，必须对企业经营的竞争环境进行详细的分析。迈克尔波特行业竞争法认为：行业竞争强度的高低是由同行业企业之间的竞争、潜在加入者的竞争、替代品的竞争、买方的讨价还价的竞争和供应商讨价还价的竞争等五种基本的竞争力量决定的，如图 3-6 所示。

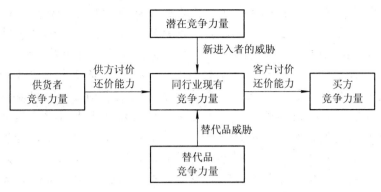

图 3-6　商业竞争者分析模型

80 后购买行为分析

1. 80 后购买者认识。狭义的"80 后"指 1980 年—1989 年出生的人，另一种说法，"80 后"本质是指计划生育政策出台后产生的一代人。

2. 影响"80 后"购买行为的因素。

消费者的经济状况。消费者的经济状况，即消费者的收入、存款与资产、借贷能力等。"80 后"的消费信心来源于两个方面：第一，自己的工资；第二，家庭的支持。已经工作了，父母还每月给钱的比例可以达到 13.3%。"80 后"有强大的消费保障：父母是后盾。"80 后"信贷消费比例高。有很大一部分人的消费观念是"有钱就花，没钱就贷"。进商场、超市买东西刷卡，买房、买车、买大件按揭，这是现在"80 后"常有的事。强烈的消费欲望，将会把上一代，甚至上几代人的存款和积蓄消费殆尽。可以说未来 2 亿的"80 后"消费市场将会有强大的购买力。

消费者的性格与自我观念。性格是指人与其他人不同的心理特征。"80 后"从小处于家庭核心，形成了独立、自我的个性，不满足于标准化、模式化，有独立的思考方式和价值观，追求个性彰显与众不同。我们经常可以听到一些专门针对"80 后"的广告语，例如，美特斯邦威的广告语："每个人都有自己的舞台。""不走寻常路！"中国移动的动感地带的广告语："我的地盘听我的！"这些句句都体现出了当前年轻人的心声，他们在消费上更喜欢个性化的东西。

社会文化因素。当前的"80 后"较少受传统文化的影响，他们学历高，可以通过书本、报纸杂志、电视电话、网络等各方接收到太多太多的信息。此外，通信的发达相对缩短了地理上的距离，促进了文化交流。因此，来自不同地区、不同民族、不同种族、不同国家的文化因素他们都可以接收到，同时也影响着他们的思想，从而影响着他们的行为。① 西方文化的影响。他们喜欢穿牛仔裤(美国流行过来)；喜欢穿韩版的服装、看韩国的电视剧(韩国流行过来的)。② 中西方文化交融。如：周杰伦的中西方曲风的《双节棍》深受大家喜爱和传唱；加入了西方元素的各式旗袍；中西方口味同时经营的餐馆；喜欢中西式并用的室内装潢。

相关群体因素。相关群体是指对消费者的态度和购买行为具有直接或间接影响的组织、团体和人群等。"80后"较少受家庭因素的影响。由于他们追求时尚、喜欢个性化的东西，加之接收信息的速度比较快，因此较容易受影视明星、体育明星的影响。他们有较强的效仿欲望，如代言可口可乐的刘翔、代言清华紫光的诸宸等，各种产品借助体育明星的知名度和影响力树立品牌形象。在网上看到过这样的描述："因有春春的广告，常常守在电视前不为别的，只为等待那短短的十多秒钟春春的广告。要买电脑就买神州电脑，要买手机就买夏新手机，要买糖果就买跳跳龙，这些都是春春代言的。只喜欢看春春的广告，只买春春代言的产品，因为爱春春，所以爱与她有关的一切。春春是健康、阳光、青春、温暖、纯洁、勇敢的代名词。永远爱我们家的春春宝贝！"以上的例子可以体现出"80后"对他们的向往群体，愿意付出得更多。

3. 企业针对80后的营销策略。

为了迎合"80后"消费者的心，企业在产品的设计上也花了不少的功夫。现在产品的生命周期越来越短了，科学技术的进步也越来越快了，消费者的观念更新速度也越来越快了，市场竞争越来越大了，企业只有不断更新产品才会有好的发展前景。在我们的生活中，每年有超过 25 000 个新产品上市。据有关资料：为满足不同用户的个性化需求，现在海尔空调共有 6368 种新产品，每隔 50 元就有 2 款新产品，你需要什么样的空调，海尔都能满足你的需要。

海尔的个性化产品如健康金超人、节能世纪超人、变频太空金元帅、直流数码变频空调、网络空调等系列产品，让你的个性化需求得到满足。

在广告宣传上，经常听到"百事可乐，年轻一代的选择"，移动的动感地带"我的地盘听我的"的说法。真的是百事可乐一定只有年轻人可以喝吗？用移动的动感地带你就一定会动感起来吗？仔细看来，百事可乐不过是一种再普通不过的饮料罢了，动感地带只是移动公司的其中一种业务罢了！为什么会取得这么好的效果呢？关键是广告的宣传效果满足了年轻人的心理需要：我是年轻的，我喝百事可乐；我是动感的，我要有属于自己的地盘，就用移动的动感地带。

除以上因素外，"80后"购买行为还受家庭因素，个人的职业、生活方式，个人的动机、知觉、学习等心理因素的影响。在市场营销活动中，我们要全面地分析各种影响消费者购买行为的因素，根据目标市场的具体情况，调动营销策略，有针对性地引导"80后"消费者的购买行为，才能使企业在市场竞争中永远立于不败之地。

资料来源：《中小企业管理与科技》2009 年 8 月

2010 年中国 PC 网民与手机网民年龄结构分析

根据中国 CMOSS 网民数据库监测统计结果显示，2010 年中国手机网民与 PC 网民的差距进一步拉大。在网民最集中的年龄层出现明显的错开。

艾瑞市场咨询对数据的研究结果(见图 3-7)发现，中国手机网民的集中年龄层为

18 岁～24 岁，达到 65.50%，在这个年龄层的 PC 网民比例仅为 19.10%；而 PC 网民的集中年龄层为 25 岁～30 岁，比例为 31.60%，这个阶段的手机网民仅仅为 16.90%。

数据研究还显示，在 18 岁以下，PC 网民的占比达到了 19.00%，而手机网民占比仅为 8.10%。在较高年龄层次方面，31 岁～35 岁年龄层的 PC 网民占比为 18.1%，手机网民则仅仅为 5.20%；超过 40 岁以上的手机网民则更少，只有 1.80%，而 PC 网民占比却有 8.40%。

综合数据显示，中国目前的手机网民集中在 18 岁～30 岁之间，年龄相对较低，这个层次的手机网民对于绚丽、娱乐、社交等方面的需求比较强劲；而随着时间的推移，预计到 2015 年，手机网民的重心结构将偏移到 26 岁～28 岁人群。

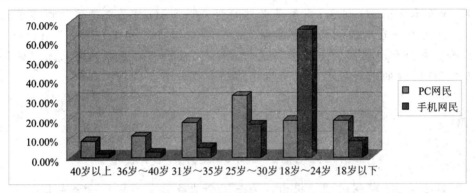

图 3-7 手机网民和 PC 网民年龄比例

资料来源：艾瑞咨询

3G 才能改变运营商的竞争结构

➤ **事件**

中国联通、中国电信和中国移动各自公布了 2010 年 2 月的用户发展数据：

一、中国联通移动用户本月增加 120.6 万户，环比下降 27.44%。其中 2G 用户数净增 73.6 万户，环比下降 9.02%；3G 用户数净增 47 万户，环比下降 44.80%。宽带用户数净增 79.1 万户，环比下降 18.03%；固网业务用户数减少 41 万户，环比增加 36.67%。

二、中国电信移动用户本月增加 301 万户，总数达 6215 万户。移动用户净增数环比略有下降但仍处高位；固网用户减少 103 万户，环比下降 45.79%；宽带用户新增 78 万户，与上月基本持平。

三、中国移动新增用户 551.8 万户，环比增加 7.88%。其中新增 3G 用户 38.2 万户，环比下降 22.04%。

➤ **评论**

一、中国移动新增用户环比上升，主要是新增 2G 用户带动。中国移动 2G 市场竞争优势仍然突出。在移动用户渗透率达到饱和之前，中国移动在 2G 市场占据主导地位的竞争结构难以改变。

二、中国电信依靠手机补贴政策、话费优惠以及低价终端策略，大力发展移动用户，促进小灵通内部转换，成效显著。但是这也带来增量不增收以及用户粘性低等弊端，不能持续。中国电信已开始重点发展中高端 3G 用户：手机补贴集中于中高端机型；提出"四通道"手机战略，充分利用 WiFi 网络优势开发高端用户，同时也吸引其他运营商高端客户"携号"转网(双网双待)。

三、中国联通 3G 用户大幅下滑，既有春节因素(春节长假影响购买行为，报告为 2 月数据)、机构人员调整以及营销力度下降的影响，同时也反映出较高的终端价格和资费价格束缚了 WCDMA 产业优势的发挥。

四、如果承认从 2G 到 3G 发展是必然趋势，那么 3G 将是重塑运营商竞争结构的机会。正如我们一直所强调的，中国联通和中国电信将通过 WiFi 和 Femtocell 加速 FMC 融合，充分利用固网的自然垄断优势，解决 3G 和移动互联网时代面临的供给瓶颈，在向 3G 时代的前进过程中改变市场格局，提升自身价值。

 案例四

解析三大电信运营商 3G 差异化竞争战略

工信部发放 3G 牌照时明确提出，为三家全业务运营商发放 3G 牌照意在拉动国内需求、促进经济增长，优化电信市场竞争结构。可见 3G 建设启动肩负着我国通信业应对金融危机的使命。然而，电信运营商在 3G 网络建设方面的直接投资其实只是一小部分，3G 能否如愿在三年内拉动 4000 亿元的投入，还要看消费者是否买账。

金融危机当前，消费者即使面对 3G 也不愿为通信增加额外的支出，甚至以往在话音通信方面的支出还会减少。对于运营商来说，目前对于 3G 业务的定位再清楚不过，就是要用 3G 数据业务吸引消费者原本打算缩减的通信支出，力图在维持原有标准的基础上再寻求新的增长。

4 月，中国电信、中国联通、中国移动的 3G 业务陆续亮相，运营商之间真正的差异化竞争正式开始。不甘于做"管道搬运工"的运营商们展开了业务层面的全新攻略。

➤ 中国移动：融合组网延续 2G 辉煌

中国移动最大的优势并不是提早启动的网络建设进程，而是庞大的 2G 用户群。因此，在 3G 竞争展开之时，中国移动的网络建设和业务部署也是围绕着原有的 2G 用户展开的。融合组网就是中国移动最显著的创新举措。

使中国移动的 GSM 用户以最便捷的方式成为 3G 用户是中国移动的首要目标，因此，中国移动很早就提出了"三不"政策，即用户不需要更换号码，不需要更换 SIM 卡，也不需要到营业厅登记，只需要买一个 TD 的终端就可以享受到中国移动提供的 3G 业务。"三不"为中移动的用户铺平了通往 3G 的道路后，给其后续业务打下了良好的基础。

中国移动想传达给用户的信息是，中国移动可以为原来 2G 时代的增值业务提供更高的速率、更好的质量和更丰富的应用。

现在，中国移动的 GSM 网络与 TD 网络融合已经从各个方面展开，这从中国移动提出的"三融合"口号可以看出。除了网络的融合，中国移动还在业务的融合和应用的融合方面投入了巨大精力。所谓业务融合，就是将中国移动在 2G 时已经推出的手机游戏、手机上网、彩信等业务与 TD 网络的业务实现融合，即利用 TD 网络的技术优势，使用户感受到带宽提升后，可以享受到更高速率和更好的质量。而在应用融合方面，中国移动则与终端厂商合作推出定制手机，在终端侧安装相应的客户端，实现手机证券、手机炒股等应用。

据了解，今年中国移动开始了 TD 三期工程的建设，将实现全国 328 个城市的覆盖。根据进程，今年年底三期工程将全部完成。可见，中国移动的核心竞争力仍然是网络，部署相对快速的 TD、强大的 2G 以及业务与应用的融合，是中国移动吸引和发展用户的根本思路。

> **中国联通：HSPA 亮点结合专业化增值运营**

中国联通 3G 的卖点就是成熟的 WCDMA 甚至 HSPA 技术，以及海外运营商此前积累的 3G 业务及运营经验，其核心也是承载数据业务，因此，中国联通内部此前也一直在就数据业务经营进行深入的思考。因为，毕竟在 2G 时代联通也和中国移动一样，只是一个以语音业务为主体的运营商，在数据业务方面可以说是一片空白。中国联通的统计数据显示，目前中国联通的增值业务总量已经占到总收入的 20%，但这 20%中，至少有一半来自短消息，因此，真正的以数据为代表的增值业务并不多，这是未来所有运营商都面临的挑战。

要想发挥数据业务优势，中国联通的思路很明确，除大规模建网外，还要大力提升 HSDPA 和 HSUPA，力图在重点区域配置 HSDPA14.4 Mbps 和 HSUPA5.76 Mbps，与竞争对手在数据能力方面形成明显差异化优势。

因此，中国联通认为，中国 3G 应契合产业链进展、用户习惯及盈利模式有节奏地发展，3G 网络带来的高速率移动数据能力将给用户业务体验带来颠覆性的改变，通过手机进行的音乐和电影下载、互动游戏将成为可能。中国联通将基于该网络大力发展移动宽带业务，降低数据业务资费，迅速发展新的 3G 用户。然而，以语音业务为主导的传统运营商在经营互联网内容及数据信息服务方面将面临巨大挑战。

显然，即使解决了手机进入互联网所涉及的终端部分的问题，也并不意味着就可以使数据业务顺利发展，因为运营商只做"管道搬运工"是没有前途可言的。中国联通副总裁张范公开表示：未来，中国联通将着重考虑正确处理与 CP、SP 之间的关系，虽然此前在 2G 的增值业务发展中，已经就此进行了摸索，但还存在着一些问题，未来希望合作共赢。

为了重点推广手机互联网、手机音乐、手机视频、移动搜索等产品以及推进手机定制，实现增值业务的强势运营，中国联通目前已经专门成立了中国联通音乐公司、中国联通视频公司来推进增值业务的专业化运营和市场化运作。以独立公司运营特定的增值业务，可见中国联通将增值业务放在重要的战略地位，将要以此打造"内容 +

应用＋接入＋服务"的营销模式。

➤ **中国电信：锁定整合信息化产品**

CDMA 的产业链相对较小，而中国电信的固网资源相对强大，两者相结合，中国电信的总体战略走的是全业务运营的道路。

从去年电信重组以来，中国电信着力塑造着三大品牌形象：商务领航、我的 e 家和天翼。在这里很明显地看出，中国电信并未刻意强调移动通信和 3G 的概念，而是有针对性地面向某一特定群体的客户推进其整合信息化产品。虽然天翼被定位为个人移动客户品牌，但这个移动品牌所面向的个人用户却需要通过针对政企客户的"商务领航"和针对家庭客户的"我的 e 家"品牌来带动。

通过政企客户和家庭客户的信息化带动移动业务的发展，这正是中国电信的移动差异化发展策略。以中国电信针对公安系统的"警务 e 通"为例，"警务 e 通"行业应用产品是利用中国电信的电话网、移动网、互联网融合优势，通过移动网络为公安一线执法人员提供如短消息、数据传输等业务。该产品使用数据加密及身份认证等技术手段，在保障安全的前提下使用移动终端与公安信息网进行信息交换。同时，该产品使公安信息能够覆盖移动通信网络通达的任何地方，达到公安部的"三 A"要求，即任何地点、任何时间及任何方式都能够保障信息畅通。"警务 e 通"整合了政企用户所要求的功能，也带动了其中的个人终端应用。

据了解，中国电信将这种从客户细分入手的 3G 推进模式称为双中心模式：其一是以细分客户群的需求为驱动，调动各专业领域的内容、应用、服务提供商积极参与；其二则是充分利用业务管理平台，吸引更多活力的团队加入产品创新、用户发展、内容运营。

预计接下来，中国电信将进一步发挥其在集团用户和家庭用户方面的优势，将这些用户的综合信息化需求与目前着力推进的九大 3G 业务(无线宽带、综合办公、全球眼、爱音乐、天翼对讲、邮件推送、天翼 LIVE、手机影视、可视电话)进行整合，在业务和应用层面打出组合拳。

资料来源：比特网

习　题　三

1．请用黑箱理论分析中国移动动感地带客户的购买行为。

2．请用黑箱理论分析中国移动全球通客户的购买行为。

3．请用黑箱理论分析中国移动神州行客户的购买行为。

4．请用黑箱理论分析中国联通 3G "沃"客户的购买行为。

5．请用黑箱理论分析中国电信天翼客户的购买行为。

6．请用 5W2H 法分析某客户从中国移动 GSM 全球通卡换为中国联通"沃"和 iPhone 的购买行为。

第四章　通信市场营销调研与分析

本章主要内容：
【1】通信市场营销调研的目的和意义；
【2】通信市场营销调研的主要内容；
【3】通信市场营销调研的方法和步骤。

本章学时：6 学时

4.1　通信市场营销调研

通信市场营销调研是针对通信相关企业特定的营销问题，通过相应的研究方法和手段，收集、整理、分析、解释和沟通有关市场营销各方面的信息，为营销管理者制定、评估和改进营销决策提供依据。

通信市场营销调研的主要目的在于确定市场特性、开发潜在市场、分析市场占有率和竞争对手等。本章案例二是赛诺研究发布的 2011 年 2 月 TD 手机市场调研报告，通过报告我们可以得到 TD 手机市场的现状和变化趋势，这份报告可以为相关企业的市场营销和决策提供信息和决策依据。图 4-1 是营销调研在企业中的地位。

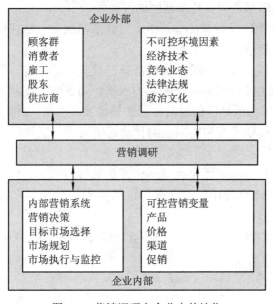

图 4-1　营销调研在企业中的地位

4.2　通信市场营销调研的主要内容

通信市场营销调研的主要内容包括以下几个方面，具体如图 4-2 所示。

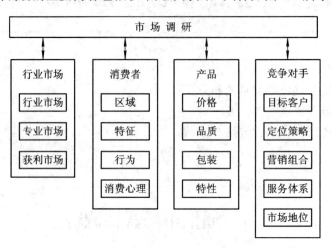

图 4-2　市场营销调研的主要内容

4.2.1　通信市场环境调研

通信市场环境调研主要包括一个国家或地区的人口情况、政治环境、法律环境、经济技术环境、社会文化环境、自然地理环境等因素。

政治环境就是指一个国家或地区在一定时期内的政治大背景，比如说政府是否经常变更，政策是否经常变动等。政治环境是各种不同因素的综合反映，诸如国内危机、针对商业的恐怖主义行动以及国家之间在特殊地区的冲突等。

法律环境主要是法律意识形态及与其相适应的法律规范、法律制度、法律组织机构、法律设施所形成的有机整体。

经济技术环境指电信企业面临的社会经济条件及其运行状况、发展趋势、产业结构等情况。经济环境的调研主要包括对社会购买力水平、消费者收支状况、居民储蓄等因素的调研。技术环境指一个国家或地区的通信行业的技术发展水平，例如一些发达国家的 3G 通信系统已经建设成熟，而很多发展中国家的移动通信系统仍然停留在 2G 语音通信的技术水平。

社会文化环境主要包括一个国家或者一个民族的价值观念、信仰、行为方式、生活方式、风俗习惯、社会群体及其相互关系等。这些因素都会在客户实际的购买行为中得到体现。

自然地理环境调研主要包括气候、季节、自然资源、地理位置等因素。

4.2.2　通信市场客户调研

通信市场客户调研包括客户类型、收入水平、消费习惯等内容。只有对客户开展调研，通信企业才能真正了解产品研发和业务开发中存在的问题以及客户需求等信息，为企业的经营决策提供科学、准确的数据依据。

对于电信运营商而言，一般可以把客户划分成集团客户和居民客户。

对集团客户的调研主要包括集团客户的行业和地理分布，集团客户对各类业务的需求程度，集团客户的组织结构、经营情况、决策者情况，集团客户与电信企业的合作情况，集团客户对电信企业的信任程度等。

对居民客户的调研主要包括居民客户的收入水平和电信消费水平，居民客户的年龄、学历、业务偏好，居民客户对电信企业的信任程度，居民客户对电信企业的服务期望以及电信业务的价格承受能力等。

4.2.3 通信业务和产品调研

通信业务和产品调研包括业务服务质量、产品质量、功能、价格、定位、市场认可度等。案例一是一份简单的电信增值业务调研问卷。

一份电信增值业务调研问卷

第1题：您的性别。

A. 男   B. 女

第2题：您的年龄。

A. 16 岁以下   B. 17 岁～22 岁

C. 23 岁～27 岁   D. 27 岁以上

第3题：您的学历。

A. 专科   B. 本科   C. 硕士或以上

第4题：您的专业类别。

A. 文科   B. 理科

C. 医科   D. 其他

第5题：您使用的是哪个电信运营商提供的手机服务？

A. 中国移动   B. 中国电信   C. 中国联通

第6题："天翼"是哪个运营商的业务品牌？

A. 中国移动   B. 中国电信   C. 中国联通

第7题：您选择运营商时最主要考虑哪些因素？（最多选三个选项）

A. 资费   B. 客服质量   C. 手机信号

D. 运营商品牌   E. 优惠活动   F. 手机终端

G. 其他

第8题：您选购手机终端时主要考虑哪些因素？（最多选择三项）

A. 价格   B. 品牌   C. 外观

D. 质量   E. 操作便捷性   F. 上网速度

G. 是否能安装软件　　　　　　H. 其他

第9题：请选择您认为最适合您的手机价位。

A. 1000 元以下　　　　　　　　B. 1000 元～1500 元

C. 1500 元～2000 元　　　　　　D. 2000 元以上

第10题：请选择您最常用的手机应用(最多选择四项)。[多选题]

A. 上网浏览　　　　　　　　　　B. 听音乐

C. 玩游戏　　　　　　　　　　　D. 收发邮件

E. 聊 QQ　　　　　　　　　　　F. 观看视频

G. 看小说　　　　　　　　　　　H. 炒股

I. 仅用来打电话、发短信　　　　J. 其他

第11题：您已经使用或者愿意使用以下哪些手机增值业务？

A. 手机报(新闻、娱乐、行业资讯等)　　B. 浏览网站

C. 手机邮箱　　　　　　　　　　D. 手机阅读

E. 音乐下载(全曲或振铃)　　　　F. 彩铃、音乐盒

G. 手机网络游戏、即时信息(QQ、阿里旺旺、MSN)

H. 手机视频　　　　　　　　　　I. 手机 SNS 社区(如人人网、开心网)

J. 其他

第12题：除基本月租、通话费用外，您可以接受的每月短信、彩信及手机上网等增值业务费用是多少？

A. 5 元以下　　　　　　　　　　B. 5 元～10 元

C. 10 元～15 元　　　　　　　　D. 15 元～20 元

E. 20 元～30 元　　　　　　　　F. 30 元～50 元

G. 50 元以上

4.2.4　竞争对手调研

竞争对手调研的主要内容包括市场占有率，竞争对手的市场策略，竞争对手产品的质量、价格、服务等。竞争对手调研的目的是认识市场状况和市场竞争强度，结合企业实际情况，制定正确的竞争策略。

4.3　通信市场营销调研的方法和步骤

通信市场营销调研的手段包括定量研究和定性研究。定量研究主要是通过数学手段和统计数据得出的，可得到精确结论，为决策者的精细管理提供依据。定性研究只是了解问题之所在，摸清情况，得出感性认识。

4.3.1　通信市场营销调研的方法

通信市场营销调研的方法主要有文案调研、实地调研、特殊调研三种。

文案调研主要是二手资料的收集、整理和分析。

实地调研可分为询问法、观察法和实验法三种。

(1) 询问法：就是调查人员通过各种方式向被调查者发问或征求意见来搜集市场信息的一种方法。它可分为深度访谈、GI 座谈会、问卷调查等方法，其中问卷调查又可分为电话访问、邮寄调查、留置问卷调查、入户访问、街头拦访等调查形式。

采用此方法时的注意点：所提问题确属必要，被访问者有能力回答所提问题，访问的时间不能过长，询问的语气、措词、态度、气氛必须合适。

(2) 观察法：它是调查人员在调研现场，直接或通过仪器观察、记录被调查者的行为和表情，以获取信息的一种调研方法。

(3) 实验法：它是通过实际的、小规模的营销活动来调查关于某一产品或某项营销措施执行效果等市场信息的方法。实验的主要内容有产品的质量、品种、商标、外观、价格、促销方式及销售渠道等。它常用于新产品的试销和展销。

特殊调研有固定样本、零售店销量、消费者调查组等持续性实地调查，投影法、推测试验法、语义区别法等购买动机调查，CATI 计算机调查等形式。

4.3.2　通信市场营销调研的步骤

一般来说，通信市场营销调研可以分为五个主要步骤，如图 4-3 所示。

图 4-3　通信市场营销调研步骤

(1) 确定调研目的。

市场调研的目的是通过各种方法搜集必要的资料，并加以分析和整理，得出一定的结论，为企业决策者提供决策依据。调研的第一步必须认真确定调研目的。

确定市场调研的目的并不是十分容易的。通常可将调研的目的分成三类：

① 探索性调研。通过收集初步的数据来探索问题的性质、大小，或为求得解决问题的思路所做的调查研究。

② 描述性调研。对市场及企业市场营销的各种要素进行定量的描述。如电视机生产企业对明年国内市场的具体需求量进行调研，调研方法多采用定量的方法。

③ 因果性调研。对市场营销众多因素的相互因果关系进行调查研究。如销售与促销费用、价格有因果关系。在确定了这样的关系后，就可在具体销售指标要求下，正确预算促销费用。

(2) 确定搜集资料的来源和方法。

企业可以利用和主动寻找许多资料来源。资料可分为第一手资料和第二手资料。前者即企业为调查某问题而收集的原始资料，后者即已存在且为调查某问题而收集的资料。

第二手资料有：① 内部资料，如公司的资产负债表、损益表、销售报告、存货记录等；② 政府文件，如统计年鉴、行业资料统计等；③ 期刊和资料，如专业杂志、消费者杂志的调查资料；④ 专业信息公司资料，如美国的 AC 尼尔森公司、国内的零点调查公司都拥有各种专项资料出售。

一般来说，第一手资料获取成本高，但资料适用性强，第二手资料则相反。调查第一手资料的方法常用调查法、观察法和实验法。

(3) 收集资料。

由于科学技术，尤其是电子技术突飞猛进的发展，许多传统的信息收集方法已被先进、迅速、准确、及时的电子方法所代替。如借助光学扫描仪对出售的商品上的条形码的阅读识别记录，商品的库存等重要信息就可通过专用或原有电信网络传送到全国统一的信息中心并对配送中心等输出送货指令，从而提高工作效率和企业的经济效益。

(4) 分析资料。

企业运用市场营销分析系统中的统计方法和模型方法对收集的信息加以编辑、计算、加工、整理，去伪存真，删繁就简，最后用文字、图表、公式将资料中潜在的各种关系、变化趋势表达出来。

(5) 提出调查结论，撰写调研报告。

针对市场调研的问题，调研人员分析资料，提出客观的调查结论。通常用调研报告的形式将市场调研结果呈送给决策者。对于商业性市场调研公司来说，调研报告也是其递交给客户的有关工作的主要结果。

案例二

2011 年 2 月 TD 手机市场调研报告

根据市场调研机构赛诺最新的市场监测数据显示，今年 2 月，国产手机在 TD 手机领域开始全面超越三星等洋品牌，已占据 TD 手机主要份额，整个国产品牌占 TD 手机份额超过 60%。

➤ 国产品牌首次占据 TD 手机前三

据悉，这是中国移动去年 11 月进行 600 万集采的 TD 手机招标的结果。该次招标中，国产品牌大获全胜，集中上市销售后，TD 手机市场发生明显洗牌效应。

之前，三星在 TD 手机中一直领先。但据赛诺 2 月份市场监测数据显示，2 月份 TD 手机销量超过 150 万台，其中中兴、酷派、华为排名 TD 手机市场前三甲，市场份额合计为 47.3%。而三星、MOTO 等国际品牌的市场份额下降明显。

具体来说，据赛诺数据报告，TD 手机 2 月份销量为 151.8 万台，其中中兴以 18.5% 居于第一位，酷派以 15.5% 处于第二位，华为紧随酷派排名第三。

➢ **千元手机销量占优势**

此次 TD 手机销量前三甲全部为国产品牌。除国产品牌在 TD 市场投入更大外，还有一个重要原因，中移动对 TD 手机采取集采的机制，也让国产品牌的成本控制等优势得到充分发挥。

例如，前十名的畅销 TD 手机中，千元以下有 9 款，其中酷派 F600 以 8.6%份额排列第二名，千元以上只有酷派 F800 手机 1 款。这样的话，国产手机依据价格占据中国移动 TD 手机集采的优势，销售上也凸显。

不过，统计数据显示，2010 年 TD 手机销量中，智能手机市场份额不足 20%，远低于 WCDMA 手机的 48%。

据悉，目前 TD 手机的价格在 3G 手机中已经有一定竞争优势，千元和千元以下的 TD 手机数量比较多，宇龙酷派甚至推出价格仅为 399 元的 TD 手机 T63。但是，中国移动希望推出更多不同价位和档次的 TD 手机，因此，中国移动 2 月份计划集采高端 TD 手机 1220 万台，包括高、中、低不同层级的智能手机。

厂商们也为此积极准备，宇龙酷派常务副总裁李旺也曾表示，2011 年酷派将重点发力 TD 智能手机市场，投入上亿元研发费用进行 TD 智能手机的研发，预计在 5 月～6 月推出 3 款左右的 TD 智能手机。计划 2011 年全年酷派将会推出 10 款左右基于 Android 平台的 TD 手机，价格从 1000 元到 6000 元不等。

资料来源：赛诺研究

国内主要的市场研究公司

1. 益普索(中国)市场研究咨询有限公司(http://www.ipsos.com.cn)

专长领域：在中国，益普索专注于营销研究、广告研究、满意度和忠诚度研究、媒介研究和公众事务研究等五大领域的市场研究服务。

2. 华南国际市场研究公司(http://www.research-int.com)

专长领域：提供全方位服务，包括：行业研究；探索性的定性研究或定量的使用习惯与态度研究以进行市场细分；创意座谈会形式的定性研究或定量的新产品概念测试调查；单一性或对比性的产品测试，借助联合分析进行产品组合、品牌名称研究、包装研究和价格研究；广告概念测试、广告投放前测试和媒介研究；RI 专利品牌技术——MicroTestsm 研究，在产品投放前进行销售预测及评估；消费者或零售跟踪研究。

3. 上海 AC 尼尔森市场研究公司(http://www.cn.nielsen.com/site/index.shtml)

专长领域：AC 尼尔森公司于 1984 年开始在中国开展零售研究。目前，其零售研究覆盖全国主要城市和城镇的 70 多类非耐用消费品，定期为客户提供有关产品在各地的零售情况报告。AC 尼尔森另外一个著名的产品是调查电视、广播和报纸在媒体市场上的顾客数目的尼尔森收视率。

4. 新华信国际信息咨询(北京)有限公司(http://www.sinotrust.cn/)

专长领域：市场研究咨询服务、商业信息咨询服务、数据库营销服务作为公司三大核心业务。在市场研究咨询服务方面关注和探究中国最具发展活力的行业的发展和未来，在汽车、金融、电信、消费品、零售、IT和办公设备、工业品、医药等多领域提供有关市场、消费者、品牌、营销推广、渠道组织和管理等的信息、研究和咨询服务。

5. 捷孚凯市场咨询(中国)有限公司(http://www.gfk.com.cn/)

专长领域：GfK 集团目前在全球范围内的市场研究业务涉及耐用消费品零售调查、消费者调查、媒体调查、医疗市场调查和专项研究。其中，在耐用消费品零售调查方面，GfK集团率先做到并且成为唯一的在全球范围，用统一的标准和方法进行耐用消费品零售调查和研究的企业。GfK于1993年进入中国市场开始进行家用电器的零售监测，经过十多年的积累和不断发展，目前监测的产品涉及黑色家电、白色家电、小家电、通信产品、IT产品和家装产品，超过60多个大类。月度数据报告已经覆盖到全国245个城市和459个县，并且在其中的100个主要城市还能够提供市场零售监测周报。

6. 广东现代国际市场研究有限公司(http://www.mimr.com.cn/)

专长领域：业务范围涉足汽车、移动通信、快速消费、耐用消费等领域。研究产品包括：客户满意度研究(CSMI)、派样监测技术(SEE)、农村研究技术(CRS)等。在医药保健品、家电耐用品和快速消费品(FMCG)等几大领域均积累了丰富的经验。

7. 艾瑞咨询集团(http://www.iresearch.com.cn/)

专长领域：专注于网络媒体、电子商务、网络游戏、无线增值等新经济领域，深入研究和了解消费者行为，并为网络行业及传统行业客户提供市场调查研究和战略咨询服务。目前的主要服务产品有 iUserTracker(网民行为连续研究系统)、iAdTracker(网络广告监测分析系统)、iUserSurvey(网络用户调研分析服务)、iDataCenter(网络行业研究数据中心)等。

8. 赛诺市场研究公司(http://www.sino-mr.com/cn/)

专长领域：赛诺一直专注家电和通信两个行业的研究，已是中国移动通信行业最大的市场研究机构。监测网络覆盖全国31个省的190地市和526县的零售监测网络，每地市拥有固定样本组 Panel，并配有长期驻地督导，周期性地为总部采集当地零售市场的监测数据。目前赛诺的零售监测网络是中国市场调研行业最大的零售监测网络之一。

9. 广州明镜市场研究咨询有限公司(http://www.cmmrchina.com/)

专长领域：主要研究行业有移动信息、金融服务、医药行业、家用电器及快速消费品等行业。其中移动通信方面是其专长领域。

10. 诚予国际市场研究有限公司(http://www.cbr.com.cn/)

专长领域：移动通信、金融、机场等服务行业是诚予国际的重点研究领域，它在这些行业有着丰富的研究经验，特别在移动通信方面。

资料来源：百度文库

 案例四

iPhone手机市场调研——称iPhone用户对苹果平台忠诚度并不高

导语：美国科技博客 Business Insider 本周刊文称，Android 手机在美国的市场份额已经超过 iPhone，这一消息的准确性引发了激烈争议。

为此，Business Insider 进行了一项有关智能手机的调查，调查显示用户对苹果平台忠诚度并不高；大部分 iPhone 拥有者表示，如果 Android 手机在关键领域好于 iPhone，那么他们将会购买 Android 手机。

以下为调查结果的要点：

——几乎所有受访者都已经使用智能手机。

——大部分受访者使用 Android 手机，其余人中的大多数使用 iPhone。这与 comScore 近期公布的市场份额数据类似，但 comScore 的数据低估了黑莓的市场份额。

——大部分受访者计划在未来 1 到 2 年内升级至新的智能手机。

——大部分受访者表示，他们将会升级至"最新的、最好的"智能手机，而不是廉价的旧款手机。

——大部分受访者在升级手机时并不计划更换使用的平台。

——大部分受访者表示，"功能"和"平台"是选择智能手机的最重要因素。应用的数量也很重要，但并不像大部分人想象中的那样重要。

——大部分 iPhone 拥有者表示，如果 Android 手机在关键领域好于 iPhone，那么他们将会购买 Android 手机。这表明，iPhone 的功能仍然处于领先。此外与许多人的看法不同，用户对苹果平台的忠诚度并不是很高，这也给 iPhone 5 的升级带来了较大的压力。

——大部分 Android 用户表示，他们不会购买 iPhone，因为他们"讨厌苹果"。

——剩余的大部分 Android 用户则表示，如果 iPhone 能够更好地支持非苹果产品，那么他们将会购买 iPhone。这给苹果系统的封闭性敲响了警钟。

——大部分 iPhone 用户目前使用 iPhone 4。

——大部分 iPhone 用户也计划升级至 iPhone 5。

——几乎没有受访者计划购买黑莓、Windows Phone 7 或 Palm 手机。

案例五

外媒称华为不再依赖价格优势　凭技术战胜对手

随着电信产业逐步从全球经济衰退中摆脱出来，欧洲的电信设备制造公司——全球第一大电信设备制造商爱立信，诺基亚与西门子的合资公司诺基亚西门子，总部位于巴黎的阿尔卡特-朗讯，都在各自的领域面临着越来越多来自于华为的挑战。

与另外一家来自于中国的电信设备制造商中兴通讯一样，两家中国公司的总部都位于中国南部城市深圳。作为一家还未上市的公司，华为创建于 1988 年，在经历了数年营收和净利润的飙升之后，华为的营收已从 2005 年的 59.8 亿美元飙升至 2008 年的 183.3 亿美元，净利润则从 6.81 亿美元升至 11.5 亿美元。

市场调研公司 Dell'Oro 的高级分析师斯科特·西尔格勒(Scott Siegler)认为，在欧洲电信设备制造商使用先进的产品未能拉开与低成本的中国竞争对手之间差距的同时，华为快速的增长得益于两个方面：首先，华为的产品要比绝大多数竞争对手便宜；再者，华为的设备质量正变得越来越好。

根据 Dell'Oro 的统计数据显示，按照销售额计算，华为第三季度在全球电信设备市场的份额已从去年同期的 10.9%增至 20.1%，增长了近一倍。按照销售额计算，华为已经超越了诺基亚西门子和阿尔卡特-朗讯。

与此同时，爱立信第三季度的市场份额仍与上年同期持平，为 31.6%；诺基亚西门子的市场份额为 19.4%，低于上年同期的 23.7%；阿尔卡特-朗讯的市场份额为 14.3%，高于去年同期的 13.1%。中兴通讯为全球第五大电信设备制造商，市场份额从上年同期的 4.2%上升至 6.8%。

资料来源：腾讯科技 2009 年 12 月

习 题 四

1．请根据本章知识调研当前智能手机的操作系统类型和特点，以及市场占有率等情况。

2．请说明通信市场营销调研的目的。

3．通信市场调研的主要内容有哪些？请举例你碰到过的通信市场营销调研，分析其目的。

4．请分析通信市场营销调研的步骤。

5．通信市场营销调研的方法有哪些？

第五章　STP 营销战略

本章主要内容：
【1】通信市场细分的目的；
【2】通信市场细分的步骤；
【3】目标市场选择；
【4】市场定位。

本章学时：6 学时

企业在市场营销环境分析的基础上实行市场细分(Segment)、目标市场选择(Target)和市场定位(Positioning)，这是决定营销成败的关键。营销学家把此作为现代营销战略的核心，简称为 STP 营销。本章将就通信市场的 STP 营销战略展开详细分析。

5.1　市场细分的概念

市场细分是企业根据消费者需求的不同，把整个市场划分成不同的消费者群的过程。通过市场细分，把通信市场分解为若干个各具特点的分市场，从而根据企业的自身特点和优势，判断和选择企业重点经营的分市场和领域。

例如，按通信企业类别来分，通信市场可以分成运营商电信业务市场、电信设备商市场和电信终端市场，各个市场又可以根据不同的因素分得更细。

电信业务市场根据业务类别又可分为语音业务、宽带业务、短信业务、增值业务等。

电信设备商市场按客户类别又可分为运营商(移动、电信、联通)、企事业单位等。

电信终端市场按顾客类别可分为高端、中端、低端等。

以上是市场细分的几个简单例子，显然，通过市场细分可以把市场划分得更有条理。企业可以在不同的细分领域确定不同的营销策略，集中企业资源，获取更高利润。

5.2　市场细分的目的

1. 通过市场细分满足不同顾客的不同需求

顾客需求的差异性是指不同的顾客之间的需求是不一样的。在市场上，消费者总是希望根据自己的独特需求去购买产品。根据消费者需求的差异性可以把市场分为"同质性需求"和"异质性需求"两大类。

同质性需求是指由于消费者需求的差异性很小，甚至可以忽略不计，因此没有必要进行市场细分。而异质性需求是指由于消费者所处的地理位置、社会环境不同，自身的心理和购买动机不同，造成他们对产品的价格、质量、款式上需求的差异性。这种需求的差异性就是我们市场细分的基础。

例如，中国移动把自己的品牌分成全球通、动感地带、神州行就是基于市场细分理论，充分满足不同客户的不同需求。

全球通：针对高端用户，套餐相对较贵，邮寄发票，请万科老总王石做广告。

动感地带：针对年轻一族，赠送短信较多，请周杰伦打广告。

神州行：免月租，话费较低，针对通话时间短、通信消费少或者经常漫游的客户，请葛优打广告。

2. 市场细分可降低营销成本，提高企业竞争力

现代企业由于受到自身实力的限制，不可能向市场提供能够满足一切需求的产品和服务。为了有效地进行竞争，企业必须进行市场细分，选择最有利可图的目标细分市场，集中企业的资源，制定有效的竞争策略，以取得和增加竞争优势。

市场细分后的子市场比较具体，比较容易了解消费者的需求。企业可以根据自己的经营思想、方针及生产技术和营销力量，确定自己的服务对象，即目标市场。针对较小的目标市场，便于制定特殊的营销策略。同时，在细分的市场上，信息容易了解和反馈。一旦消费者的需求发生变化，企业可迅速改变营销策略，制定相应的对策，以适应市场需求的变化，提高企业的应变能力和竞争力。

3. 有利于发掘市场机会，开拓新市场

通过市场细分，企业可以对每一个细分市场的购买潜力、满足程度、竞争情况等进行分析对比，探索出有利于本企业的市场机会，使企业及时作出投产、异地销售决策或根据本企业的生产技术条件编制新产品开拓计划，进行必要的产品技术储备，掌握产品更新换代的主动权，开拓新市场，以更好适应市场的需要。

5.3 市场细分的方法

5.3.1 细分消费者市场的基础

主要根据以下几个方面的因素开展市场细分：

地理细分：国家、地区、城市、农村、气候、地形。

人口细分：年龄、性别、职业、收入、教育、家庭人口、家庭类型、家庭生命周期、国籍、民族、宗教、社会阶层。

心理细分：社会阶层、生活方式、个性、购买动机。

行为细分：时机、追求利益、使用者地位、产品使用率、忠诚程度、购买准备阶段、态度等。

受益细分：追求的具体利益、产品带来的益处，如质量、价格、品位等。

图 5-1 所示为根据通信消费行为的客户群细分，把通信客户分为商务繁忙类、新潮时尚类、普通大众类、集中发送类和广泛发送类等 5 个客户群。

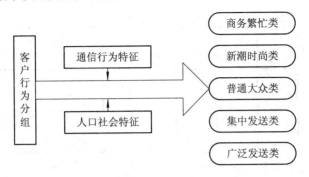

图 5-1　根据消费行为的客户群细分

5.3.2　市场细分的步骤

市场细分是企业制定营销战略的非常重要的一环，市场细分的主要步骤如图 5-2 所示。

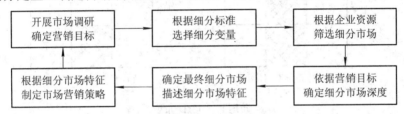

图 5-2　通信市场细分流程图

市场细分的具体步骤如下：

(1) 开展市场调研，选定产品市场范围。公司应明确自己在某行业中的产品市场范围，并以此作为制定市场开拓战略的依据，确定营销目标。

(2) 根据市场细分标准和所要达到的营销目标，选择相应的市场细分变量，对产品和行业市场进行市场细分。

(3) 分析市场细分的结果，根据企业的自身资源和优势，从细分市场中选择目标市场。

(4) 进一步分析细分市场的特点，根据企业的营销目标，对每一个细分市场的客户需求和购买行为进行分析和调研，进一步明确各细分市场有没有必要进一步细分，或做相应合并。

(5) 分析各细分市场的性质和特征，对细分市场进行描述，确定细分市场名称。

(6) 制定相应的营销策略。调查、分析、评估各细分市场，最终确定可进入的细分市场，并制定相应的营销策略。

5.4　目标市场选择

5.4.1　目标市场模式

企业在划分好细分市场之后，可以进入既定市场中的一个或多个细分市场。目标市场选择是指估计每个细分市场的吸引力程度，并选择进入一个或多个细分市场。根据企业选择细分市场的不同，可有以下五种目标市场模式，如图 5-3 所示。

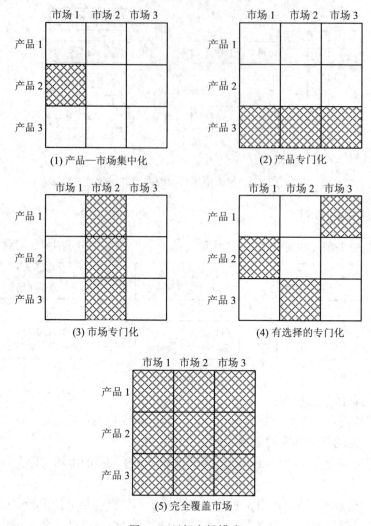

图 5-3　目标市场模式

(1) 产品—市场集中化。该策略意味着企业选取一个细分市场作为自己的目标市场，只生产一种标准化产品，满足一个固定的消费群。较小的企业一般采取这种策略专门填补市场的某一部分空白。集中营销可以使企业深刻了解该细分市场的需求特点，采用针对的产品、价格、渠道和促销策略，从而获得较高的市场地位和良好的声誉。

(2) 产品专门化。企业集中生产一种产品，并向所有顾客销售这种产品。例如服装厂商只生产高档服装，向不同年龄的消费者销售，而不生产其他档次的服装。这样，企业在高档服装产品方面树立很高的声誉。

(3) 市场专门化。企业专门服务于某一特定顾客群，尽力满足他们的各种需求。例如企业专门为老年消费者提供各种档次的服装。企业专门为这个顾客群服务，能建立良好的声誉。

(4) 有选择的专门化。企业选择几个细分市场，每一个对企业的目标和资源利用都有一定的吸引力。但各细分市场彼此之间很少或根本没有任何联系。这种策略能分散企业经营风险，即使其中某个细分市场失去了吸引力，企业还能在其他细分市场营利。

(5) 完全覆盖市场。企业力图用各种产品满足各种顾客群体的需求，即以所有的细分市场作为目标市场。一般只有实力强大的大企业才能采用这种策略。例如 IBM 公司在计算机市场、可口可乐公司在饮料市场开发众多的产品，满足各种消费需求。

企业在选择目标市场时，一般应参考以下几个方面的因素：

(1) 目标市场应有一定的规模和发展潜力。企业进入某一市场是期望能够有利可图，如果市场规模狭小或者趋于萎缩状态，则企业进入后难以获得发展，此时，应审慎考虑，不宜轻易进入。

(2) 细分市场结构的吸引力。细分市场可能具备理想的规模和发展潜力，但是细分市场本身的诸多因素也将影响企业营利。这些因素包括：细分市场内激烈竞争的威胁、新竞争者的威胁、替代产品的威胁、购买者讨价还价能力加强的威胁和供应商讨价还价能力加强的威胁。这些因素都将影响企业目标市场的选择。

(3) 符合企业目标和能力。某些细分市场虽然有较大吸引力，但不能推动企业实现发展目标，甚至分散企业的精力，使之无法完成其主要目标，这样的市场应考虑放弃。另一方面，还应考虑企业的资源条件是否适合在某一细分市场经营。只有选择那些企业有条件进入、能充分发挥其资源优势的市场作为目标市场，企业才会立于不败之地。

5.4.2　目标市场策略

企业在选择好目标市场后，可选择以下三种目标市场策略开展营销(见图 5-4)：

(1) 无差异性目标市场策略。该策略把整个市场作为一个大目标开展营销，它强调消费者的共同需要，忽视其差异性。采用这一策略的企业，一般都实力强大，采取大规模生产方式，又有广泛而可靠的分销渠道，以及统一的广告宣传方式和内容。

例如，采用无差异性目标市场策略的产品有：微软公司的视窗操作系统；美国可口可乐在 20 世纪 60 年代前曾经以单一口味的品种、单一标准的瓶装和单一的广告宣传长期占领了世界软饮料市场；我国第一汽车制造厂早期生产单一的解放牌卡车；我国牙膏厂早期生产同一品种、同一配方、同一包装、同一价格的牙膏。

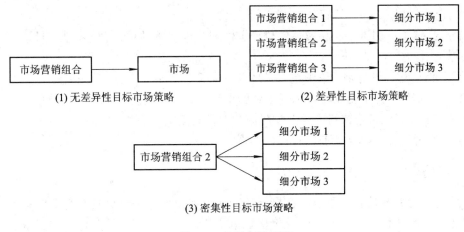

图 5-4　目标市场策略

(2) 差异性目标市场策略。该策略通常把整体市场划分为若干细分市场作为其目标市场，针对不同目标市场的特点，分别制定出不同的营销计划，按计划生产目标市场所需要的商品，满足不同消费者的需要。

例如，耐克运动鞋有很多品种，可满足跑步、健美、骑自行车、打篮球等不同需求。

(3) 密集性目标市场策略。该策略是选择一个或几个细分化的专门市场作为营销目标，集中企业的优势力量，对某细分市场采取攻势营销战略，以取得市场上的优势地位。一般说来，实力有限的中小企业多采用密集性市场策略。

例如，UT-斯达康的小灵通手机采用的就是密集性目标市场策略。

5.5　市 场 定 位

市场定位指企业针对潜在顾客的心理进行营销设计，创立产品、品牌或企业在目标客户心目中的某种形象或个性特征，使其保留深刻的印象和独特的位置，从而取得竞争优势。市场定位就是在客户心目中树立独特的形象。图 5-5 所示为市场定位的作用。

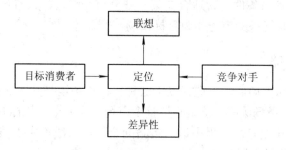

图 5-5　市场定位的作用

市场定位并不是你对一件产品本身做些什么，而是你在潜在消费者的心目中做些什么。市场定位的实质是使本企业与其他企业严格区分开来，使顾客明显感觉和认识到这种差别，从而使企业在顾客心目中占有特殊的位置。例如，海飞丝洗发水就一直定位为去头屑的洗发水，消费者想去头屑时就自然想到海飞丝。

市场定位根据内容的不同可以分为以下四种：

(1) 产品定位：侧重于产品实体定位。定位因素包括质量、成本、特征、性能、可靠性和款式等。

(2) 企业定位：即企业形象塑造。具体包括品牌、员工能力、可信度等。

(3) 竞争定位：确定企业相对于竞争者的市场位置。如七喜汽水在广告中称它是"非可乐"饮料，暗示其他可乐饮料中含有咖啡因，对消费者健康有害。

(4) 消费者定位：确定企业的目标顾客群。

5.5.1　市场定位的步骤

市场定位的关键是企业要设法在自己的产品上找出比竞争者更具有竞争优势的特性。竞争优势一般有两种基本类型：一是价格竞争优势，就是在同样的条件下比竞争者定出更低的价格，这就要求企业采取一切努力来降低单位成本；二是偏好竞争优势，即能提供确定的特色来满足顾客的特定偏好，这就要求企业采取一切努力在产品特色上下工夫。

因此，企业市场定位的全过程可以通过以下三大步骤来完成：

(1) 分析目标市场的现状，确认潜在的竞争优势。这一步骤主要是了解竞争对手的产品定位、目标市场上顾客需求满足程度、顾客新的需求、竞争者的市场定位和潜在顾客的真正需求。企业市场营销人员必须通过一切调研手段，系统地设计、搜索、分析并报告有关上述问题的资料和研究结果。

(2) 准确选择竞争优势，对目标市场进行初步定位。竞争优势表明企业能够胜过竞争对手的能力。这种能力既可以是现有的，也可以是潜在的。中国移动通信公司在宣传"全球通"时，一直强调信号好、覆盖全，就是针对竞争对手这方面较弱所做的准确选择。

(3) 显示独特的竞争优势和重新定位。这一步骤的主要任务是企业要通过一系列的宣传和促销活动，将其独特的竞争优势准确传播给潜在顾客，并在顾客心目中留下深刻印象。

5.5.2　市场定位的策略

常见的市场定位策略有以下几种：

(1) 避强定位策略：是指企业力图避免与实力最强的或较强的其他企业直接发生竞争，而将自己的产品定位于另一市场区域内，使自己的产品在某些特征或属性方面与最强或较强的对手有比较显著的区别。

七喜汽水"非可乐"的定位就是借助类别定位的一个经典个案。可口可乐与百事可乐是市场的领导品牌，占有率极高，在消费者心目中的地位不可动摇。"非可乐"的定位使七喜处于与可口可乐、百事可乐对立的类别，成为可乐饮料之外的另一种选择，不仅避免了与两巨头的正面竞争，还巧妙地与两品牌挂钩，使自身处于和它们并列的地位。成功的类别定位使七喜在龙争虎斗的饮料市场占据了老三的位置。

(2) 迎头定位策略：是指企业根据自身的实力，为占据较佳的市场位置，不惜与市场上占支配地位的、实力最强或较强的竞争对手发生正面竞争，从而使自己的产品进入与对手相同的市场位置。

(3) 创新定位策略：寻找新的尚未被占领但有潜在市场需求的位置，填补市场上的空缺，生产市场上没有的、具备某种特色的产品。

如日本索尼公司的随身听等一批新产品正是填补了市场上迷你电子产品的空缺，并进行不断的创新，使得索尼公司即使在二战时期也能迅速发展，一跃而成为世界级的跨国公司。采用创新定位策略时，公司应明确创新定位所需的产品在技术上、经济上是否可行，有无足够的市场容量，能否为公司带来合理而持续的盈利。

(4) 重新定位策略：企业在选定了市场定位目标后，如定位不准确或虽然开始定位得当，但市场情况发生变化时，如遇到竞争者的定位与本公司接近，侵占了本公司的部分市场，或由于某种原因而使消费者或用户的偏好发生变化，转移到竞争者方面时，就应考虑重新定位。重新定位是以退为进的策略，目的是为了实施更有效的定位。

例如万宝路香烟刚进入市场时，是以女性为目标市场的，它推出的口号是：像 5 月的天气一样温和。然而，尽管当时美国吸烟人数年年都在上升，万宝路的销路却始终平平。后来，广告大师李奥贝纳为其做广告策划，他将万宝路重新定位为男子汉香烟，并将它与最具男子汉气概的西部牛仔形象联系起来，树立了万宝路自由、野性与冒险的形象，从众多的香烟品牌中脱颖而出。自 20 世纪 80 年代中期到现在，万宝路一直稳居世界各品牌香烟的销量首位，成为全球香烟市场的领导品牌。

（5）比附定位策略：以竞争者品牌为参照物，依附竞争者定位。比附定位的目的是通过竞争提升自身品牌的价值与知名度。

华为数据产品为了打入美国市场，将自己的商标设计为金门二桥的形状，这与思科的金门一桥的商标形成鲜明的对比，华为还打出广告："二者唯一的不同就是造价。"

市场定位是设计公司产品和形象的行为，以使公司明确自己在目标市场中相对于竞争对手的位置。公司在进行市场定位时，应慎之又慎，要通过反复比较和调查研究，找出最合理的突破口。避免出现定位混乱、定位过度、定位过宽或定位过窄的情况。而一旦确立了理想的定位，公司必须通过一致的表现与沟通来维持此定位，并应经常加以监测以随时适应目标顾客和竞争者策略的改变。

 案例一

中国电信市场细分报告

➤ 中国电信目标市场范围

2009 年中国电信移动用户的规模全年实现翻一番。而 2010 年中国电信制定了移动用户 1 亿的发展目标，这意味着中国电信市场需求更大，将会覆盖各类人群，包含公务员、事业单位人员、国企管理人员、职工民众和农民等。

➤ 电信消费者关键购买因素

电信消费者关键的购买因素包括业务种类品质因素、网络质量因素、费率账单满意度因素、沟通水平因素、售中售后服务因素。

➤ 市场细分

优化产品型(28%)：为高学历、高收入的年轻白领，目前是电信的高价值用户，具有理想的客户特征，对营销反应积极。由于该人群关注产品多于服务，因此开发适用于他们的高价值产品是发掘该细分市场价值的潜力途径。

服务至上型(22%)：为高学历中的青年白领，是领导潮流的"早期使用者"。他们对产品信息非常敏感，而购买决策则十分理性，因而宣传和推销不一定能获取他们，还要配合促销。此外，这类人群高度重视服务，从他们身上获取价值要靠提供高质量服务。

超额消费型(18%)：他们是低收入的高价值用户。由于受两大因素影响，该人群超出其经济能力的高消费电信产品：一方面是其外向型的个性，对社交沟通的需求强烈；另一方面是受教育程度的局限，使其对产品信息了解不够，对新事物接受力差，导致其直拨费用居高不下。

基本保障型(32%)：典型低端用户，是中国电信目前补贴的人群，无需再做任何投入。

➤ 市场细分渠道偏好

优化产品型(28%)：　对宣传和促销均很敏感，其主要信息来源是报纸，其次是户外广告、电视和销售人员。

服务至上型(22%)：　对促销最为敏感，主要信息来源除促销外，还包括电台、电视等各种广告。

超额消费型(18%)：　大量信息来自店内资料和广告，部分来自亲戚朋友和大众媒体，主要是电视和户外广告。

基本保障型(32%)：　信息渠道以亲戚朋友为主。

➤ **中国电信市场细分小结**

对中国电信最具吸引力的细分市场是优化产品型和服务至上型。人口特征中，年龄就是一个细分变量——年轻族是电信的重要价值来源，高端用户是典型的年轻成功白领。

 案例二

中国移动通信公司动感地带品牌

市场效果： 动感地带的用户已远远超出一千万，并成为移动通信中预付费用户的主流。

案例背景： 中国移动作为国内专注于移动通信发展的通信运营公司，曾成功推出了"全球通"、"神州行"两大子品牌，成为中国移动通信领域的市场霸主。但市场的进一步饱和、联通的反击、小灵通的搅局，使中国移动通信市场弥漫着价格战的硝烟。如何吸引更多的客户资源、提升客户品牌忠诚度、充分挖掘客户的价值，成为运营商成功突围的关键。

"动感地带"策略解析： 同其他运营商一样，中国移动旗下的全球通、神州行两大子品牌缺少差异化的市场定位，目标群体粗放，大小通吃。其原因有两个：一方面是移动通信市场黄金时代的到来；另一方面是服务、业务内容上的同质化。面对"移动牌照"这个资源蛋糕将会被越来越多的人分食的状况，在众多的消费群体中进行窄众化细分，更有效地锁住目标客户，以新的服务方式提升客户品牌忠诚度、以新的业务形式吸引客户，是运营商成功突围的关键。

一、精确的市场细分，圈住消费新生代

根据麦肯锡对中国移动用户的调查资料表明，中国将超过美国而成为世界上最大的无线市场。从用户绝对数量上说，到2005年中国的无线电话用户数量达到1.5亿～2.5亿个，其中有4000万～5000万用户使用无线互联网服务。

从以上资料可看出，25岁以下的年轻新一代消费群体将成为未来移动通信市场最大的增值群体，因此，中国移动将以业务为导向的市场策略率先转向了以细分的客户群体为导向的品牌策略，在众多的消费群体中锁住15岁至25岁年龄段的学生、白领，产生新的增值市场。

锁定这一消费群体作为自己新品牌的客户，是中国移动"动感地带"成功的基础：

(1) 从目前的市场状况来看，抓住新增主流消费群体。15岁至25岁年龄段的目标人群正是目前预付费用户的重要组成部分，而预付费用户已经越来越成为中国移动新增用户的主流。中国移动每月新增的预付卡用户都是当月新增签约用户的10倍左右，抓住这部分年轻客户，也就抓住了目前移动通信市场大多数的新增用户。

(2) 从长期的市场战略来看，培育明日高端客户。以大学生和公司白领为主的年轻用户，对移动数据业务的潜在需求大，且购买力会不断增长。有效锁住此部分消费群体，三五年以后他们将从低端客户慢慢变成高端客户，企业便为在未来竞争中占有优势埋下了伏笔，逐步培育市场。

(3) 从移动的品牌策略来看，形成市场全面覆盖。全球通定位高端市场，针对商务、成功人士，提供针对性的移动办公、商务服务功能；神州行满足中低市场普通客户的通话需要；"动感地带"有效锁住以大学生和公司白领为主的时尚用户，推出语音与数据套餐服务，全面出击移动通信市场，牵制住了竞争对手，形成预置性威胁。

二、独特的品牌策略——另类情感演绎品牌新境界

"动感地带"目标客户群体定位于 15 岁到 25 岁的年轻一族，从心理特征来讲，他们追求时尚，对新鲜事物感兴趣，好奇心强，渴望沟通。他们崇尚个性，思维活跃，有强烈的品牌意识，对品牌的忠诚度较低，是容易互相影响的消费群落；从对移动业务的需求来看，他们对数据业务的应用较多，这主要是可以满足他们通过移动通信所实现的娱乐、休闲、社交的需求。

中国移动据此建立了符合目标消费群体特征的品牌策略：

(1) 动感的品牌名称："动感地带"突破了传统品牌名称的正、稳，以奇、特彰显，充满现代的冲击感、亲和力，同时整套 VI(Visual Identity，视觉设计)系统简洁有力，易传播，易记忆，富有冲击力。

(2) 独特的品牌个性："动感地带"被赋予了"时尚、好玩、探索"的品牌个性，同时提供给消费群以娱乐、休闲、交流为主的内容及灵活多变的资费形式。

(3) 炫酷的品牌语言：富有叛逆的广告标语——"我的地盘听我的"、"用新奇喧泄快乐"、"动感地带(M-ZONE)，年轻人的通讯自治区！"等流行时尚语言配合创意的广告形象，将追求独立、个性、更酷的目标消费群体的心理感受描绘得淋漓尽致，与目标消费群体产生情感共鸣。

(4) 犀利的明星代言：周杰伦，以阳光、健康的形象，同时有点放荡不羁的行为，成为流行中的"酷"明星，在年轻一族中极具号召力和影响力，与动感地带"时尚、好玩、探索"的品牌特性非常契合，可以更好地回应和传达动感地带的品牌内涵，从而形成年轻人特有的品牌文化。

"动感地带"独特的品牌主张不仅满足了年轻人的消费需求，吻合他们的消费特点和文化，更是提出了一种独特的现代生活与文化方式，突出了"动感地带"的"价值、属性、文化、个性"。将消费群体的心理情感注入品牌内涵，是"动感地带"品牌新境界的成功所在。

三、整合的营销传播——以体验之旅形成市场互动

"动感地带"作为一个崭新的品牌，更是中国移动的一项长期战略。在进行完市场细分与品牌定位后，中国移动大手笔投入了立体化的整合传播，以大型互动活动为主线，通过体验营销的心理感受，为"动感地带"2003 年的营销传播推波助澜！

(1) 传播立体轰炸：选择目标群体关注的报纸、电视、网络、户外广告、杂志、活动等，将动感地带的品牌形象、品牌主张、资费套餐等迅速传达给目标消费群体。

(2) 活动以点代面：从新闻发布会携手小天王、小天王个人演唱会，到 600 万大学生"街舞"互动、结盟麦当劳、冠名赞助"第十届全球华语音乐榜中榜"评选活动，形成全国市

场的互动，并为市场形成了良好的营销氛围进行"传染"。

(3) 高空地面结合：中国移动在进行广告高空轰炸、大型活动推广传播的同时，各市场同时开展了走进校园的相关推广活动，建立校园联盟；在业务形式上，开通移动 QQ、铃声下载、资费套餐等活动，为消费群体提供实在的服务内容，使高空地面相结合。

(4) 情感中的体验：在所有的营销传播活动中，都让目标消费群体参与进来，产生情感共鸣，特别是全国"街舞"挑战赛，在体验之中将品牌潜移默化地植入消费者的心智，起到了良好的营销效果。

"动感地带"作为中国移动长期品牌战略中的一环，抓住了市场明日的高端用户，但关键在于要用更好的网络质量去支撑，应在营销推广中注意软性文化的诉求，更加突出品牌力，提供更加个性化、全方位的服务，提升消费群体的品牌忠诚度，路才能走远、走精彩！

 案例三

韩国 SK 电信公司市场细分

韩国的 SK 电信公司按照不同移动网络的特性，并根据用户的各方面特性进行了非常细致的分析，采用分区化策略对用户进行细分。

一方面根据用户的年龄阶段细分。针对当前韩国手机拥有者集中在 30 岁左右或以下的人群这一特点，SK 电信将目前的 SPEED011 移动电话业务的推广方向定在年轻人身上。2001年面向年轻人推出了两个新品牌："TTL ting"和"UTO"。前者针对 18 岁以下用户，后者则针对 35 岁以下的客户群，分别注重娱乐以及培训、休闲等信息服务。这两项新的通话服务特别迎合了年轻人的生活习惯和喜好，量身定做的多项服务内容也赢得了很多年轻人的欢迎，同时它们也创造了通话服务的新感觉，开辟了移动电话的文化服务时代，适应了年轻一代不断变化的生活需求。到 2002 年 5 月，TLL 的年轻用户达到了 3 413 000 个，占SK 电信所有移动电话用户的 10%。

另一方面，根据用户使用的移动终端划分市场。用户使用移动通信服务时所持有的终端设备是多样的、多功能的，有 PC、移动电话、PDA、VMT 等。为此，SK 电信推出个性化服务系列 NATE，针对这些终端分别命名为 NATE Handsets、PDA、My PC 和 Drive。服务内容除了正常的通话服务外，同样还有丰富的无线多媒体信息服务。例如根据 PDA 的特点，把 PDA 专用 NATE 无线门户网站用作浏览器的在线服务；同步联网下载用户所需信息，在脱机状态下使用下载信息的信道服务；可能的话，还有联网游戏、Messenger、电子邮件、移动电话、车载电话等有线和无线的互动服务。SK 电信对此类服务相当乐观。譬如，面向当前 1200 万的有车族对象市场，SK 电信推出了 NATE Drive 服务，提供反映交通状况的快捷引路服务、实时交通信息，提供加油站或餐馆位置信息的周边设施引导服务，新闻/证券/天气/高尔夫等生活信息，车辆或驾驶员紧急状况下的急救服务。

韩国 SK 电讯对用户市场的细分已经精到了每隔 5 岁左右就为一个年龄段：对于 13岁～18 岁的初级用户，重在培养其对"TTL ting"品牌的认知；为 19 岁～24 岁在大学期间或者刚刚进入社会的年轻人设立"TTL"时尚俱乐部；对比较成熟的 25 岁～35 岁的职业人士有"UTO"；对高端用户有"leadersclub"；而针对韩国家庭女性多的特点，专门设立了"CARA"品牌，也是 SK 电讯针对本土文化设计的最有特色的品牌。SK 电讯的移动服务被分成了数个品牌，每个品牌在自己的用户群中都代表着一种时髦的潮流。在激烈的市场竞争中，SK 电讯不但维持了老的客户，而且吸引了大批年轻客户的加盟。

 案例四

中兴：小区别是为了大共赢

中兴通讯市场细分案例之一(来源：电脑商报)：

2009 年通过市场调研之后，中兴通讯将市场进行重新细分，划分为战略市场、商业市场、分散行业市场。首先，中兴将具有持续采购能力的客户定位为战略市场，主要包括电力、军队等行业；其次，中兴将具有一定采购规模，但通常 2 年~3 年才进行一次采购的行业定位为商业市场，例如海关、高教、高速公路。中兴将依靠行业代理商进行商业市场拓展。中兴对商业市场的原则是成熟一个，剥离一个。对于成熟的行业，中兴将"承包"给行业代理商耕耘。在战略市场和商业市场之外，中兴将一些中小行业客户定位为分散行业，通过众多分销商和中小 SI 拓展分散行业市场。中兴通讯企业网营销中心渠道管理部部长武峰表示，通过对市场的进一步细分，中兴更加明确了资源倾斜的对象。同时，中兴未来将制定相对刚性的渠道政策，更有力地保障渠道商的前期投入，将资源向核心合作伙伴倾斜，提升核心渠道的营业规模、实力以及忠诚度。可以肯定，今后销售百万级和千万级的代理商得到的支持肯定是不一样的。

中兴通讯市场细分案例之二(来源：通信信息报)：

2010 年，中兴通讯携手日本第三大运营商软银推出了定制化的易用手机 840Z，已经于上周末正式在日本开售，这是日本软银与中兴通讯在手机领域的首次合作。与传统易用手机只是在键盘、屏幕字体上简单放大不同，这款由中兴通讯专门研发的 840Z 更在功能细节上近一步贴近使用群体的需求，尤其是儿童和老人等特定人群。

除了 2.8 英寸 QVGA 屏幕上采用大文字显示菜单和电话本之外，840Z 还设置了一键拨号功能，让用户更方便地直接与亲友沟通。针对老人或儿童独自在家时容易发生危险的特性，840Z 更配备了简单易用的报警和"每日报平安邮件"等贴心功能。当发生紧急状况时，用户只要拉动背面按键即可启动报警器，手机自带的大音量扬声器就会发出警报通报紧急情况，并同时给事先登记的邮件地址发送短信和拨通电话。840Z 同时配备在每天首次开机时给指定地址发送邮件的"报平安"功能，即使不在一起生活，也同样可以感受到家人的关怀和温馨。

在细节设置上，840Z 也充分彰显出简单易用的关怀理念。它搭载了"发光按键导航"和操作练习功能，按键采用大号文字设计，并突出显示数字和日文假名，有效防止按键出错的发生。而在有未接电话和未读邮件时，更有闪烁光源提醒用户的"发光按键导航"功能，只需按动发光的按键即可确认信息。在手机的整体外形设计上，也采用弧度以及侧面凹形机身设计，更加符合人体工程学的设计要求。盒装中还包括"简易操作指南"和座充器，设计理念力求简单以方便用户使用。

可以说，840Z 是中兴通讯针对日益增长的日本市场精心研发的一款机型，这也是中兴通讯进入日本手机市场的第一款产品。而未来，中兴通讯还将对日本通信市场的各个细分领域进行深耕，完成其国际化战略在日本的布局。

案例五

诺基亚市场细分调研报告

受诺基亚网络委托，HPI Research Group 针对移动信息传递业务进行了一项全球市场调查，调查的目的是支持客户开发以及相关产品和业务的开发。此项调查针对在第三代移动电话业务即将推出之际，终端用户对可能出现的移动信息传递业务的前景预测，为诺基亚网络提供有关信息。调查在以下六个市场进行：巴西、德国、意大利、新加坡、英国、美国。调查关注的主要信息传递业务的对象包括：图片信息传递、移动 E-mail、影像和贺卡信息传递。不过，调查也兼顾了 RTF 文本信息传递和视频电话业务。调查得出了一些重要发现和结论。

这次调查把注意力集中到核心目标样本上(即 16 岁～45 岁之间，已拥有移动电话的受访者)。研究的重点是对未来的信息传递业务(移动 E-mail、图片信息传递、贺卡信息传递和影像信息传递)进行使用动机细分，以便了解在不同情形下人们对移动信息传递业务的选择。

移动电话用户的选择更加个性化。随着市场的不断细分，用户对移动电话的需求越来越多样化，移动电话用户对于功能的选择要求也越来越高。只要求具备一般功能的用户占25.5%，有 20.9%的用户则对移动电话的信息传递提出了更高的要求。与 2000 年底相比，对移动电话只要求一般功能的用户下降了 25%，而追求时尚和对信息传递提出更高要求的用户分别上升了 41%和 2%。

通过对信息传递业务的细分显示，未来移动信息传递业务市场会不断成长起来。提供给核心样本作为未来信息传递业务使用动机的提示性表述可以被分成几类：一是商务上的需要，以商务为目的的应用；二是礼仪/礼节上的需要；三是出于快捷的考虑；四是功能上的需要；五是出于价格的考虑；六是出于谨慎的考虑，如需要小心和安静时、当谈话会影响到周围的人们时等；七是人员联系时的需要，如与朋友/家人保持联系、要发送一个亲密信息、用一种个性化的方式发送信息、增强联系时的感情、分享一种经历、让没有见过自己的人看见自己的影像、用来发送较长的问候信、不想交谈但又需要交流时等；八是出于娱乐方面的考虑，如与朋友开玩笑或闲聊、作为一种新奇的信息传递方式、发送度假时的照片、展示某种东西如风景画、表达创造性等。

因此，概括起来，消费者正在按照自己理解的使用方式对不同的信息传递选择进行细分，其中以移动 E-mail 与其他几种信息传递业务之间的区别最为显著。尽管有迹象表明，通过引导影像与图片信息传递的分工将取得进展，但消费者发现这两者还是很难区分的。虽然贺卡信息传递业务似乎不太可能促使人们将其视为独特的应用，更不如影像或图片信息传递业务所表现得那样生动，但在某些特殊情况下，它确实具有潜在的作用。

诺基亚的市场细分策略使它第一个打破了每两年发布一个新产品的业界规律，而代之以平均一个多月就有一个新品种问世。它的系列移动电话在优化基本功能的同时，从小处着眼不断创新，填补了一个又一个市场空白。如诺基亚 5110 一进入中国市场就深受年轻人的喜爱。他们注重实用和品质，追求时髦与个性，但他们口袋里的钱不算太多，因而也不要求更多的商务功能。针对这一消费群体诺基亚推出了创新的"随心换"彩壳，并制定了相应的低价位策略。因此，诺基亚在市场中占尽先机，并掀起一轮手机销售的热潮。

诺基亚不但善于发现技术和当前市场的结合点，当其技术已领先市场时，它还能创造市场，引导市场向其技术转变，从而开拓出崭新的成长空间。如具有革命性的诺基亚 7110 媒体电话的诞生，就是要把上亿的互联网用户和移动电话用户转变为在此之前还不存在的媒体电话用户。诺基亚为什么坚信这种转变会成功呢？这是因为它早已洞察了这一新技术将给用户带来巨大的使用价值和增值服务，可以给大家带来沟通的自由，这就是它的价值所在。

国 产 手 机

国产手机今年卓越的市场表现，得益于内外因素的共同作用。深陷经济危机中的外资品牌收缩产品和市场战略，给国产手机的赶超提供了可能，这正是龟兔赛跑中，兔子麻痹大意的地方。内因方面，通过十多年发展，国产手机在经历三四年低谷发展后，开始强劲反弹。尤其是 2004 年以来，国产品牌韬光养晦，完成了以技术和品牌为核心的综合实力的量的积累，在 3G 时代到来之际，开始进入质变阶段。

业内一致公认，造成国产品牌强劲复苏的最大功臣就是细分市场。外资品牌产品线很长，呈现"巨无霸"状，反应迟钝。国产手机十分明白，如果单凭一己之力与外资品牌全面对抗是没有胜算的，所以，只有祭出细分市场的现代营销武器，争做细分市场的"隐形冠军"，酷比手机董事长陈凯峰就很明确地向记者表述过这种战略发展思路。

在细分市场上，国产品牌已经做得风生水起了。智能手机如多普达、宇龙酷派的智能手机专业户形象已经深入人心，今年以来，他们推出的很多款新品都成为了外资品牌高档机的梦魇。从目前发烧友的关注热度来看，即将上市的联想移动的 OPHONE NO.1 或将把国产智能手机推上一个新高峰。音乐手机市场，OPPO 借助央视和湖南卫视的"快乐女声"确定了国产音乐手机专业户形象，逐渐成为时尚潮流的引领者，给索尼、爱立信和诺基亚音乐手机系列造成较大用户分流。女性手机市场，CECT 以及姊妹品牌 VEVA、TCL 以及阿尔卡特正在逐渐成为细分市场的中坚力量。金立在语音和炒股手机领域、长虹在超长待机手机领域的声势都要明显盖过外资品牌。

有意思的是，不断涌现的国产品牌一改过去市场定位的盲目，十分注重瞄准某一细分市场出击，相当"快、准、狠"。如 2006 年诞生的琦基瞄准智能手机市场，昨天在鸟巢诞生的酷比瞄准音乐手机市场，即将在九月推出新机的同洲通信瞄准高端 3G 手机市场。从这些品牌负责人与记者的沟通来看，都给人一个共同印象，那就是战略清晰、定位精准、市场细分很成功。

　　当然，市场细分的前提就是在对中国消费者习惯进行深入研究的基础上的精准理解和把握，这正是国产品牌的优势和长处。

纳伟仕定制手机——一部手机一种生活

　　继2009年在美国纽交所上市(代码为NIV)，成为2009年第一家在美国主板上市IPO的中国企业后，纳伟仕集团隆重推出定制手机，全力打造全程定制手机市场，打造第一品牌！11月17日，纳伟仕2010年定制手机品牌峰会在惠州隆重举行。前来参加峰会的经销商有近700人。会上，纳伟仕集团总裁厉天福先生和副总裁刘晓璐先生先后与M-start、盛世巨龙传媒机构及广东卫视、深圳卫视、湖北卫视、内蒙古卫视等四大卫视的广告部签订战略合作协议。

　　据纳伟仕总裁厉天福介绍，此次定制手机品牌是全球首创，纳伟仕将根据消费者的需要推出定制手机，包括纳伟仕天真儿童手机、纳伟仕天骄校园手机、纳伟仕天娱娱乐手机、纳伟仕天尊商务手机、纳伟仕天伦长辈手机。顾名思义，这五款手机分别针对的人群是儿童、学生、时尚人士、商务精英、长辈。

　　天真儿童手机具有卡通外形、实时监控、低辐射等特点，安全可靠，非常适合儿童使用；而天骄校园手机中收纳多语词典、中文书库、益智游戏，具有3.2寸高清触摸大屏，电脑全键盘操作，完全为学生量身打造；独具多项一键功能的天伦长辈手机除了一键求救、一键收音、一键手电、一键拨号的便捷操作外，还有字体大、按键大、声音大等人性化设计；天尊商务手机则打出"手机就是真电脑"的口号，能高清拍照、高速上网。

习 题 五

1. 请说明通信市场细分的目的和意义。
2. 通信市场细分通常依据哪些因素？
3. 分析中国移动品牌在市场细分时采用的原则和考虑的因素。
4. 分析中国电信宽带上网业务细分采用的原则和考虑的因素。
5. 市场细分的步骤有哪些？
6. 目标市场选择的模式有哪几种？请分别举1～2个例子进行说明。

第六章　通信营销组合及产品策略

本章主要内容：
【1】通信营销策略的 4P 营销理念；
【2】产品生命周期；
【3】通信营销产品策略的分析方法。

本章学时：4 学时

营销策略组合是市场营销的命脉，是营销的精髓、框架。营销策略组合是现代市场营销理论体系中的一个非常重要的概念，它是和市场细分化、目标市场等概念相继产生的。四十多年来，市场营销组合随企业市场营销实践的发展而发展，其内容不断充实，其理论不断深化，特别是作为营销手段，在企业的生存与发展或企业家的成功上，日益发挥着显著作用。

20 世纪 60 年代是市场营销学的兴旺发达时期，其突出标志是市场态势和企业经营观念的变化，即市场态势完成了卖方市场向买方市场的转变，企业经营观念实现了由传统经营观念向新型经营观念的转变。与此相适应，营销手段也多种多样，且十分复杂。1960 年，美国市场营销专家麦卡锡(E. J. Macarthy)教授在人们营销实践的基础上，提出了著名的 4P 营销策略组合理论，即产品—Product、定价—Price、地点—Place、促销—Promotion。

"4P"是营销策略组合通俗经典的简称，也称整体市场营销。它奠定了营销策略组合在市场营销理论中的重要地位，为企业实现营销目标提供了最优手段，即最佳综合性营销活动。

6.1　产品(Product)策略

6.1.1　通信服务整体产品概念

从市场营销的角度，整体产品的概念可以划分为三个层次：核心产品、形式产品、附加产品，如图 6-1 所示。整体产品概念是营销领域的一个基础概念。深入分析产品整体概念以及不同层次产品概念之间的关系，在企业营销中有着重要意义。下面是对整体产品的三个层次的具体分析。

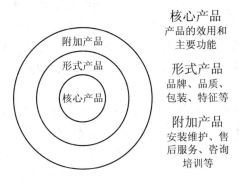

图 6-1 整体产品的层次

1. 核心产品

核心产品是指产品所能满足顾客需求的主要功能。

核心产品是买方购买的真正目的所在。它对应于买方的某种需求,所以一般不容易更新换代(除非某种需求消失,或消费偏好有转变),或者说换代周期一般很长。如古代的毛笔和现代的各种形式的笔产品,其核心都是满足人们书写的功能。虽然形式变化很大,但其核心产品即提供书写的功能是没有变的。

在电信运营商提供的电信服务中,其核心产品就是满足人们通信的需求,包括通话、上网等信息交流和传递的需求。如果不能满足这个需求,人们就根本不会购买电信运营商的服务和产品。

2. 形式产品

形式产品是指产品的物质或非物质形式,即产品的物质基础。有些形式产品是无形的,如服务。形式产品是核心产品的实现形式,是对核心产品的补充。

形式产品是通过产品的质量、款式、特色、品牌和包装等特征表现出来的。产品的基本效用必须通过某种具体形式才能得以实现,所以,市场营销人员在满足顾客所追求利益的同时,必须考虑形式产品的设计,以达到内外完美的统一。

形式产品的更新换代比核心产品要快。例如,19 世纪很多产品的生命周期少则十几年,甚至几十年,但到了 20 世纪的电器、软件类产品,电器类产品的生命周期平均是半年,有的软件则一个月,甚至几个星期就会更新。人们通常所说的现代产品的生命周期缩短、产品更新换代快,这更多地是指整体产品概念中的形式产品。当然由于技术进步,形式产品更新换代之后,其功能一般都有所增强。

以中国移动为例,中国移动通信公司提供了多款形式产品来满足用户的通信需求,包括全球通、动感地带、神州行和 G3,这些都是形式产品。

3. 附加产品

附加产品指生产或销售产品的企业所提供的各种形式的附加服务,如送货、安装、维修、使用指导等。

提供附加产品是为了顾客更方便、有效地使用产品。由于人们生活节奏的加快,以及很多产品的技术含量不断提高,送货、培训和技术指导等附加产品的必要性不断增强,其生命周期有延长的趋势。提供优质的附加产品成为当今企业加强竞争能力的重要手段。

如全球通提供免费邮寄发票、赠送话费、加话费送话机、积分等活动，都是属于附加产品的范畴。再举一个例子，索尼公司不只是提供摄像机，还必须协助消费者解决在拍摄上的困难。因此，当顾客购买摄像机时，其所得到的不只是摄像机，索尼公司及其经销商还提供购买零件保证书、免费操作课程、快速维修服务和询问任何问题及疑难的免费电话热线。

随着市场竞争的不断深入，附加产品越来越受到重视。美国著名管理学家西奥多·李维特(Levitt)曾指出新的竞争不在于工厂里制造出来的产品，而在于工厂外能否给产品加上包装、服务、广告、咨询、融资、送货、保管或顾客认为有价值的其他东西。

6.1.2 产品的生命周期

通信产品和其他所有产品一样，都有一个生命周期，产品在市场上的销售与利润都会随时间的推移而变化。一般而言，把产品从进入市场开始到最终退出市场的整个过程称为产品的生命周期。

通信产品的生命周期按销售量和利润变化情况分为投入期、成长期、成熟期和衰退期等四个阶段，如图 6-2 所示。

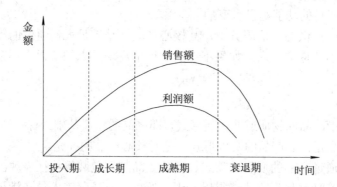

图 6-2　产品的生命周期

投入期：一般指电信新产品试制成功后投放到市场进行试销的阶段。如中国三大电信运营商在 2008 年 12 月国家发放 3G 牌照前后，为 3G 系统进行大规模建设的阶段，此阶段为第三代移动通信系统及其业务投入期。

投入期的主要特点是：销售增长缓慢，产品成本较高，获利少，竞争对手少等。

成长期：成长期是新产品销量快速增加，企业利润也快速增长的阶段。在此阶段产品销售量迅速增加，利润也快速增加，由此竞争对手也开始增加。

中国联通公司在 3G 牌照发放后，利用 WCDMA 的系统优势以及与苹果 iPhone 的绑定销售，迅速扩大 3G 业务市场占有率，实现了利润额和销售额的快速增长，这都标志着联通 3G 业务进入了成长期。

成熟期：产品大量进入市场，市场竞争激烈。成熟期一般时间较长，销售量达到最高点，成本低，利润高，市场竞争激烈，企业应该尽量延长产品的成熟期。

衰退期：衰退期时产品逐渐老化，出现更新换代的替代产品。此阶段销量明显下降，竞争对手相继退出市场。市场竞争的主要形式就是价格战。

MTK 公司 GSM 手机芯片开发平台

MTK 是台湾联发科技多媒体芯片公司，推出 GSM 手机芯片开发平台后，利用价格优势迅速占领市场，成为山寨手机之王。2005 年，联发科技向中国品牌手机企业推广，随后 MTK 方案开始大量进入了中国品牌手机制造商。

2006 年，联发科技已经占据中国手机基带芯片市场的 40%以上，被波导、TCL、联想、康佳、龙旗、希姆通和天宇等中国主要手机设计公司和制造商采用。2006 年第二季度的净利润率为 41%。

2007 年，联发科技的营业收入达到新台币 804.09 亿，较 2006 年增长 51%。手机芯片出货量高达 1.5 亿颗，全球市场占有率近 14%，仅次于德州仪器及高通。

2011 年 5 月，全球手机芯片领导厂家、大陆山寨手机芯片主要供应商——台湾联发科技发布的一季财报显示，2011 年一季度，MTK 收入 198.67 亿元新台币，同比减少 39.3%，实现净利润 30.65 亿元新台币，同比大幅下滑 72.3%。该季度 MTK 整体毛利率仅为 46.2%，环比去年第四季度下滑 3 个百分点，但同比则减少了 10.5 个百分点。

MTK 公司 2011 年一季度净利同比锐减七成，除了市场萎缩外，也是因为激烈的价格战。据悉，自 2010 年下半年开始，联发科技的主力产品 MT6253 开始大幅降价，"几乎是每两个月就降一次价，每次幅度都在 0.5 美元左右。"深圳一手机方案公司人士表示，MT6253 的价格已经从上市之初的 5 美元，降到了目前的 3 美元，而主要竞争对手展讯的主流芯片价格更是降到了 2 美元左右。

主力产品的大幅降价，自然令 MTK 的利润备受挤压。MTK 市场的窘态，其实在 MTK 的 2010 年财报已有体现，只是今年一季度因为市场萎缩而表现得更明显一些。2010 年 MTK 收入 1135.22 亿元新台币，同比下滑 1.7%，实现净利润 309.61 亿元新台币，同比下滑 15.6%。

不过，目前 MTK 的最大困难仍然是如何抵御更低价的展讯的进一步进攻。据市场研究公司 iSuppli 的数据显示，截至 2010 年年中，展讯芯片在低端 GSM 市场占有率已超过 10%，而 M-star 每月也有近百万件的出货量，联发科技的市场份额则滑落至 70%以下。

6.1.3　产品的组合策略

产品组合指企业在一定时期内生产和经营的所有产品的层次结构。产品组合通常由若干条产品线组成。产品线是指同类产品的系列。一条产品线就是一个产品类别，是由使用功能相同、能满足同类需求而规格、型号、花色等不同的若干个产品项目组成的。一个产品项目则是指企业产品目录上开列的每一个产品。

产品组合的宽度是指产品组合中包含的产品线的多少，包含的产品线越多，产品组合的宽度就越宽。

产品组合的深度是指每条产品线包含的产品项目的多少，包含的产品项目越多，产品线就越深。

产品组合的关联度是指各类产品线之间在最终用途、生产条件、销售渠道等方面相互关联的程度，不同的产品组合存在着不同的关联程度。较高的产品关联度能给企业带来规模效益和范围效益。

表 6-1 是华为公司产品组合简介。由表 6-1 可以看出，华为公司按大类分为云、管、端等 3 条产品线，所以产品组合的宽度是 3；表 6-1 列出的产品组合长度是 49；产品组合的深度是 49/3=16.3。事实上，表 6-1 并未按具体型号罗列出华为的所有产品，因此这里的华为的产品线深度只是一个简单的计算。

表 6-1　华为公司产品组合简介

华为公司产品线	云	业务与软件	运营支撑、个人与家庭、企业业务
		存储与网络安全	安全产品、存储产品
		OSS(运行维护)	FBB 固定网运行维护、MBB 移动网运行维护 FBB 运行维护系列产品、MBB 运行维护系列产品
	管	无线接入	多模基站、多模基站控制器
		固定接入	FTTX、DSLAM、综合接入、集成站点
		能源与基础设施	通信电源、天馈与射频、恒温蓄电池柜、Mini 机房
		传送网	MSTP、Hybrid MSTP、WDM/ODN、微波、海缆通信
		数据通信	NE 系列路由器、CX 系列城域业务平台、以太网交换机、MSCG 多业务控制网关、PTN(分组传送网)、SRG 系列业务路由网关
		核心网	融合通信、分组核心网、融合用户数据、SmartCare
	端	个人终端	CDMA、WCDMA、TDSCDMA、GSM/GPRS
		家庭终端	接入终端、固定台、机顶盒、第四屏产品(数码相框)
		企业终端	终端网管、视频通信行业解决方案、视频通信运营商解决方案、固网解决方案、视频通信业务支撑解决方案、高清视频通信解决方案

案例二

诺基亚产品线重命名——N/E/X/C 四大系列

目前，诺基亚拥有四个字母系列：N 系列、E 系列、X 系列和 C 系列，而且，新近发布的 X 系列和 C 系列在排序方面都将按照阿拉伯数字 1～9 的顺序排列，数字越大则代表着更强的功能和价格。

在新的命名规律中，四个系列产品有着各自的定位，从而使得用户可以快速、容易地在诸多诺基亚产品中做出自己的选择。N 系列依然是旗舰级的高端产品，E 系列定位商务的属性也不会改变，X 系列将侧重于娱乐功能，而全新的 C 系列则是产品组合的核心，主要开拓中低端智能手机市场。

资料来源：手机中国网

中国移动 3G 产品线

中国移动 3G 产品将分为 3 类，即旗帜产品、重点推广产品、基础迁移产品，如图 6-3 所示。

旗帜产品是 3G 网络特有的产品，定位于"造势"，包括可视电话、VideoSharing(一种通信过程中插播视频的业务)等。

重点推广产品将在未来重点开发推广，定位于"互动多媒体"，打造"手机媒体"，包括移动梦网门户、原唱音乐、流媒体(手机电视)、联网游戏等。

基础迁移产品则是 2G 网络已经开展，然后直接迁移到 3G 网络的产品，大概有近 40 个分类。除此之外，3G 网络中，中国移动还将关闭几个在 2G 网络已经开展但在 3G 中无须提供的产品。

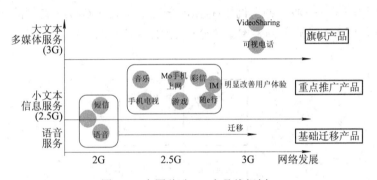

图 6-3 中国移动 3G 产品线规划

6.1.4 产品组合策略分析方法

企业进行产品组合的基本方法是改变产品组合的四个维度，即增减产品线的宽度、长度、深度或产品线的关联度。而要使得企业产品组合达到最佳状态，即各种产品项目之间质的组合和量的比例既能适应市场需要，又能使企业盈利最大，则需采用一定的评价方法进行选择。评价和选择最佳产品组合并非易事，评价的标准有许多选择。这里主要从市场营销的角度出发，按产品销售增长率、利润率、市场占有率等几个主要指标进行分析。常用的方法有 ABC 分析法、波士顿咨询集团法、通用电器公司法、产品获利能力评价法及临界收益评价法。

1. ABC 分析法

ABC 分析法是 1879 年由意大利数理经济学家、社会学家维尔雷多・巴累托提出的，又称巴累托分析法、ABC 分类管理法、重点管理法等。它是根据事物在技术或经济方面的主要特征，进行分类、排队，分清重点和一般，以有区别地实施管理的一种分析方法。由于它把被分析的对象分成 A、B、C 三类，因此称为 ABC 分析法。

比如，有一企业的某条产品线上有 5 个项目，具体情况如下：

项目 A 占产品线的总销售量的 50%，占总利润的 40%；

项目 B 占总销售量的 30%，占总利润的 30%；

项目 C 占总销售量的 10%，占总利润的 10%；

项目 D 占总销售量的 5%，占总利润的 15%；

项目 E 占总销售量的 5%，占总利润的 5%；

对于企业来说，要重点经营利润比重大的产品项目，对于利润比重很小的产品项目可以不作为经营的重点。在上面这个例子中，项目 A、项目 B 与项目 D 的利润要占到产品线的利润总额的 85%，所以在其他环境因素允许的情况下，就可以将这三个项目列为企业经营的重点。

产品线的利润太集中在少数几个项目上，意味着这条产品线的弹性较差。遇到强有力的竞争对手的挑战时，往往会受到很大的影响，因此，企业要尽可能地把利润均匀地分散到多个项目中去。

2. 波士顿咨询集团法

波士顿咨询集团法又称波士顿矩阵、四象限分析法、产品系列结构管理法等，是由美国大型商业咨询公司——波士顿咨询集团(Boston Consulting Group)首创的一种规划企业产品组合的方法。图 6-4 是波士顿咨询集团分析法的分析矩阵。

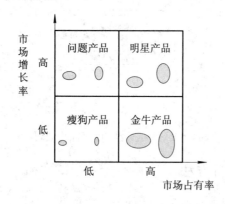

图 6-4　波士顿咨询集团法分析矩阵

波士顿咨询集团法把产品或者行业根据市场增长率和市场占有率分成四类业务，分别是金牛产品、明星产品、问题产品和瘦狗产品。

通过以上两个因素的相互作用，会出现四种不同性质的产品类型，形成不同的产品发展前景：

(1) 市场增长率和市场占有率"双高"的产品群(明星类产品)。此类产品需要大量资金投入，以维持企业的高市场占有率。如果能一直维持高市场占有率，在产品进入成熟期后，此类产品可以转化为金牛类产品，成为企业利润的主要来源。

(2) 市场增长率和市场占有率"双低"的产品群(瘦狗类产品)。此类产品竞争激烈，盈利能力低，不能成为企业的资金来源，需要收缩或者减少经营范围，甚至退出。

(3) 市场增长率高、市场占有率低的产品群(问题类产品)。此类产品需要投入大量资金维持高的销售增长率，但是由于企业市场占有率低，此类业务如果运营得当可以转化成明星产品，如果运营不当则会转为瘦狗类产品，因此需要重点分析，决定是否重点投资。

(4) 销售增长率低、市场占有率高的产品群(金牛类产品)。此类产品已经进入成熟期，低增长是它的特点。但是企业市场占有率高，具有相当于垄断的地位，对企业而言投入低，利润高，非常理想。

对于企业来说，如果能同时具有问题产品、明星产品和金牛产品这三类，就有希望保持企业当前利润和长远利润的稳定，形成合理的产品结构，维持资金平衡。

6.2　品 牌 策 略

品牌是用来识别企业的产品或服务的名称、术语、标记、符号、图案或其组合。品牌一般可分为如下三种：

(1) 企业或公司品牌：如中国电信、中国移动、中国联通等。

(2) 产品品牌：如 ADSL、路由器、手机等。

(3) 服务品牌：如神州行、全球通、移动梦网、CDMA 新时空、动感地带等。

自 2008 年国家发放 3G 牌照以来，中国移动、中国电信、中国联通分别推出了各自的 3G 品牌，如表 6-2 所示。

表 6-2　三大运营商的 3G 品牌及口号

运营商	3G 品牌	口　号
中国移动	G3	G3 引领 3G 生活
中国电信	天翼	天翼，带你畅游 3G
中国联通	沃	精彩在沃

品牌策略是一系列能够产生品牌积累的企业管理与市场营销方法，包括 4P 与品牌识别在内的所有要素。品牌策略主要有品牌化决策、品牌使用者决策、品牌名称决策、品牌战略决策、品牌再定位决策、品牌延伸策略、品牌更新策略等。

电信业作为一个服务行业，其服务品牌展现给市场的是与其他电信企业不同的、被用户认可的服务品质和服务形象等。服务品牌的基本要素包括服务名称、服务理念、服务价值、服务功能、服务机构、服务标准、视觉识别等。电信服务品牌首先应具有一定的特征和个性，能够给品牌所有者带来一定的利益。服务品牌可以代表电信服务过程中行为的组合，也可以代表服务中一些类型的组合，因此具有一定的服务质量和标准，并且具有能使消费者感受得到的、与一般服务不同的形象和价值。

6.2.1　实行服务品牌的作用

随着我国电信市场竞争的激烈程度的不断加剧，各电信运营企业提供的服务很容易被其余的竞争对手模仿和改进。因此，如何将企业提供的服务标准化和品牌化，在现在和将来的电信服务竞争中成为强者，是各运营企业急需面对的问题。

电信服务品牌相对于一般服务，具有较高的顾客满意度和附加价值，其附加价值表现为功能价值、社会价值、情感价值、认知价值和条件价值。因此创立强有力的服务品牌对消费者和企业都是有利的。

1. 服务品牌对消费者的作用

(1) 服务品牌使消费者易于辨认所需要的电信服务。

(2) 同一品牌的服务一般具有相同的品质,容易消除消费者对新服务的疑虑。

(3) 消费者可以按品牌知道电信企业,便于电信产品的推广和维修,以维护消费者的利益。

(4) 服务品牌便于消费者在选择相同或类似电信服务时,有针对性地比质量、比价格。

(5) 减少消费者分析所花的时间和精力,减少交易费用和搜寻成本等。

2. 服务品牌对电信企业的作用

(1) 服务品牌有利于企业广告宣传和电信产品陈列,加深顾客对本企业和服务的印象,使得本企业领先对手于起跑线。

(2) 有利于以顾客为中心,保持和扩大市场占有率,吸引消费者重复购买和交叉购买,建立顾客偏好。

(3) 有助于减少价格弹性,使电信服务自然地与竞争对手产生差异,对新的进入者也有竞争壁垒作用;品牌所有者可以确定自己的电信服务价格,而不轻易随竞争者的价格波动而波动,减少消费者对价格的敏感性。

(4) 有助于电信服务的组合扩张,在有品牌的电信产品线中增加新的服务项目较没有品牌的产品线要容易得多。

(5) 有利于维护企业的正当权益,防止别人模仿、抄袭,受到法律保护,有利于电信企业接受社会和消费者的监督,提高产品质量。

6.2.2　推行品牌竞争的策略

市场经济就是品牌经济,成熟的电信市场需要强势的电信服务品牌和名牌。电信运营企业作为电信市场的竞争主体,必须就企业提供给消费者的服务创立相应的服务品牌。按照现代电信企业科学的推行服务及服务品牌的方式和过程,电信企业推行服务品牌的竞争策略可分为四个步骤:品牌定位、品牌创造、品牌营销、品牌创新。只有通过企业持续的品牌竞争策略,才能创造适合市场的服务品牌,为企业在与国内外电信运营商的竞争中保持强有力的竞争力。

1. 品牌定位

推行服务品牌首先应该确立服务品牌的定位。服务品牌的定位是利用市场细分理论,为不同的客户提供不同的服务。服务品牌与产品品牌的不同点在于其核心要以客户为中心,围绕客户打造不同的服务品牌。因此服务品牌竞争的主要目的是要争取较高的客户消费份额,而不是市场占有率。服务品牌的定位首先应该发现顾客需求,并且能引导和创造顾客需求,进行目标电信市场的细分,然后针对客户的特点建立个性化的服务品牌战略。

服务品牌的定位关键是建立品牌定位原则。企业的服务应该要考虑是目标市场的导向、文化导向、情感导向、利润导向,还是竞争对手品牌的导向,兼顾企业、市场和消费者三方的特点,合理确定服务品牌的定位。例如,中国移动的"动感地带"和"神州行"就是定位于移动市场的低端用户目标,并且很好地考虑了两个品牌的关系,定位于低端市场的不同用户。神州行主要针对于低端语音用户,动感地带则主要针对于低端数据短信用户。

所以，在确定服务品牌的定位时，要首先考虑定位的原则。

2. 品牌创造

服务品牌定位之后，还要合理处理好电信企业、市场和顾客三者之间的关系，通过企业持续的努力来创造自己的品牌，所以要首先确立好品牌创造的动力。电信服务品牌的动力来源主要有如下几点：

(1) 电信不断发展的科技力，能够为消费者提供更多、更方便的电信服务。

(2) 品牌的形象力和文化力。

(3) 品牌的营销力等。

确立品牌发展的动力有利于企业长时间持续培养服务品牌，最终形成服务品牌化，而不是只考虑短时间的效应。

品牌的保护机制是在一开始确立企业的服务品牌时就应该建立的。这种保护机制包括法律上的、市场上的、品牌形象等方面的保护。服务品牌是企业的无形资产，给消费者的感觉是看不见、摸不着的，但是好的电信服务品牌应该推行品牌的有形化，通过有形产品的使用价值来达到无形产品的品牌价值。例如，中国电信的小灵通服务，就是通过小灵通的有形产品来推出单向收费的无形服务。

品牌的创造还包括服务品牌的横向延伸和推广、迁移。随着企业服务品牌的创立和品牌知名度的加强，服务品牌的区域从地方、区域，到全国知名的品牌，都涉及服务品牌的横向延伸、迁移以及联想等。例如，2002 年随着北方中国电信向中国网通的改变，原来北方中国电信的很多服务品牌都涉及到品牌的延伸和迁移。因此，如何让原有的消费者能够继续接受新的服务品牌，这是新网通公司在品牌的迁移中应该注意的问题。

3. 品牌营销

品牌的营销包括品牌形象策划、品牌文化、品牌情感、顾客满意的确立，管理服务品牌的认同度、知晓度、满意度。服务质量是品牌的基础。电信服务质量分为职能质量和技术质量。电信服务依赖于电信网络的技术质量，优良的电信网络技术质量为电信服务品牌的营销提供了强有力的保障，因此不同电信运营商确立的服务品牌应该和其电信技术质量联系在一起。另外，由于电信生产和消费过程的不可分性，以及电信顾客的高度参与性，因此职能质量也是品牌服务质量中重要的部分，如何有效利用客户关系管理、确立服务的策略也是电信运营商要考虑的问题。

电信的服务品牌营销还要处理好品牌的策略问题。品牌策略包括统一品牌、个别品牌、多品牌策略等。不同的品牌策略正好在服务同质化的同时能体现其异质性，并且这种异质性是市场定位的结果。在电信企业中，异质化开发比较成功的是韩国头号移动通信运营商SK 电讯公司。SK 电讯在 SK 大品牌下创造了各种分品牌，分别针对某一个用户群。该公司对用户市场的细分已经精确到了每隔五岁左右就有一个用户群：对于 13 岁～18 岁的初级用户有"ting"，重在培养对品牌的认知；对 19 岁～24 岁在上大学或者刚刚进入社会的年轻人有"TTL"；对比较成熟的 25 岁～35 岁的职业人士有"UTO"；高端用户有"leaders club"。这样，SK 电讯的名字拆分成数个品牌，每个品牌在对应的消费者心目中都代表一种时髦的潮流。我国的移动通信运营商也在逐步确立自己的多品牌策略，如中国移动的全球通、动感地带、神州行等。因此可以预见，随着移动通信的逐步发展和移动通信市场 3G

的导入，移动通信市场的竞争将更加激烈，也将会出现更多的针对不同用户的细分服务品牌。

4. 品牌创新

任何服务品牌都不是固定不变的。随着电信市场的不断发展，要想服务品牌有蓬勃的生命力，就必须不断扩展新的增长空间，因此电信服务品牌应该要注意其技术创新、服务创新和品牌创新的连续性。电信运营企业从推出一般电信服务，到推出标准服务，到服务品牌、强势品牌、名牌、驰名品牌，都是通过品牌持续的创新来获得的。企业要发展，要获得竞争力，就需要实施品牌创新战略，不断提高企业的品牌。

品牌创新还包括不断给服务品牌注入其企业的文化，培育顾客资产，建立品牌信息系统和品牌再定位等。由于电信运营企业提供给消费者的是服务，相对于产品，服务更应该给消费者带来满足感、成就感和额外的价值。这种情感的因素必然使服务品牌上升到文化的层次。因此不断赋予品牌以文化，能够体现品牌的差异性。

品牌的再定位是企业在品牌营销的基础之上，积极调整不适合市场和消费者的部分，重新定位品牌的需求。和品牌的初步定位不同的是，品牌的再定位是一次积极的调整战略，是品牌创新的重要部分。

以电信服务品牌竞争策略为中心，围绕品牌竞争涉及四个方面：品牌定位、品牌创造、品牌创新和品牌营销。通过这些策略的运用，在复杂的电信市场竞争中，不断整合其各方面，才能创造出强有力的电信服务品牌，为消费者和企业都创造一个双赢的局面。

习 题 六

1. 请分析和整理中兴通讯公司的产品线，并与华为公司产品线做比较。
2. 请用核心产品、形式产品、附加产品的方式分析中国联通的 3G 服务产品。
3. 中国移动 TD-SCDMA 目前采用了什么样的产品策略？
4. 用波士顿咨询集团分析中国移动全球通业务的类型以及生命周期。
5. 请分析安捷伦公司电子测量仪器类的产品线。

第七章　通信营销组合——价格策略

本章主要内容：

【1】通信营销定价目标；

【2】通信营销定价方法。

本章学时：4 学时

价格策略是指企业通过对顾客需求的估量和成本分析，选择一种能吸引顾客、实现市场营销组合的策略。

价格仍是决定公司市场份额和盈利率的最重要因素之一。在 4P(产品、价格、促销、分销)营销组合中，价格是唯一能产生收入的因素，其他因素表现为成本。

7.1　定价目标

企业的定价目标是以满足市场需要和实现企业盈利为基础的，它是实现企业经营总目标的保证和手段。同时，又是企业定价策略和定价方法的依据。定价目标一般可分为利润目标、销售目标、竞争目标和社会效益目标，具体如表 7-1 所示。

表 7-1　定价目标类型和形式

定价目标类型	目标具体形式
利润目标	最大利润 满意利润 预期利润
销售目标	扩大市场占有率 争取中间商
竞争目标	稳定价格 应付竞争 质量优先 差异定价 维持企业生存
社会效益目标	社会公共事业 社会市场营销

7.1.1　以利润为目标的定价

利润目标是企业定价目标的重要组成部分。获取利润是企业生存和发展的必要条件，是企业经营的直接动力和最终目的。因此，利润目标为大多数企业所采用。由于企业的经营哲学及营销总目标的不同，这一目标在实践中有两种形式：

1. 以追求最大利润为目标

最大利润有长期和短期之分，还有单一产品最大利润和企业全部产品综合最大利润之别。一般而言，企业追求的应该是长期的、全部产品的综合最大利润，这样，企业就可以取得较大的市场竞争优势，占领和扩大更多的市场份额，拥有更好的发展前景。当然，对于一些中小型企业、产品生命周期较短的企业、产品在市场上供不应求的企业等，也可以谋求短期最大利润。

最大利润目标并不必然导致高价，价格太高会导致销售量下降，利润总额可能因此而减少。有时，高额利润是通过采用低价策略，待占领市场后再逐步提价来获得的；有时，企业可以采用招徕定价艺术，即对部分产品进行定低价，赔钱销售，以扩大影响、招徕顾客，带动其他产品的销售，进而谋取最大的整体效益。

2. 以获取适度利润为目标

以获取适度利润为目标是指企业在补偿社会平均成本的基础上，适当地加上一定量的利润作为商品价格，以获取正常情况下合理利润的一种定价目标。以最大利润为目标尽管从理论上讲十分完美，也十分诱人，但实际运用时常常会受到各种限制。所以，很多企业按适度原则确定利润水平，并以此为目标制定价格。采用适度利润目标有各种原因：以适度利润为目标使产品价格不会显得太高，从而可以阻止激烈的市场竞争；或由于某些企业为了协调投资者和消费者的关系，树立良好的企业形象，而以适度利润为其目标。

由于以适度利润为目标确定的价格不仅使企业可以避免不必要的竞争，又能获得长期利润，而且由于价格适中，消费者愿意接受，还符合政府的价格指导方针，因此这是一种兼顾企业利益和社会利益的定价目标。需要指出的是，适度利润的实现，必须充分考虑产销量、投资成本、竞争格局和市场接受程度等因素。否则，适度利润只能是一句空话。

7.1.2　以销售为目标的定价

这种定价目标是在保证一定利润水平的前提下，谋求销售额的最大化。某种产品在一定时期、一定市场状况下的销售额由该产品的销售量和价格共同决定，因此销售额的最大化既不等于销量最大，也不等于价格最高。对于需求的价格弹性较大的商品，降低价格而导致的损失可以由销量的增加而得到补偿，因此，企业宜采用薄利多销策略，保证在总利润不低于企业最低利润的条件下，尽量降低价格，促进销售，扩大盈利；反之，若商品的需求的价格弹性较小时，降价会导致收入减少，而提价则使销售额增加，企业应该采用高价、厚利、限销的策略。

采用销售额目标时，确保企业的利润水平尤为重要。这是因为销售额的增加，并不必然带来利润的增加。有些企业的销售额上升到一定程度后，利润就很难再上升，甚至销售额越大，亏损越多。因此，销售额和利润必须同时考虑。在两者发生矛盾时，除非是特殊情况(如为了尽量地回收现金)，应以保证最低利润为原则。

销售目标有时也可以理解为市场占有率目标。市场占有率又称市场份额，是指企业的销售额占整个行业销售额的百分比，或某企业的某产品在某市场上的销量占同类产品在该市场销售总量的比重。市场占有率是企业经营状况和企业产品竞争力的直接反映。作为定价目标，市场占有率与利润的相关性很强。从长期来看，较高的市场占有率必然带来高利润。

据分析指出：

当市场占有率在 10% 以下时，投资收益率大约为 8%；

市场占有率在 10%～20% 之间时，投资收益率在 14% 以上；

市场占有率在 20%～30% 之间时，投资收益率约为 22%；

市场占有率在 30%～40% 之间时，投资收益率约为 24%；

市场占有率在 40% 以上时，投资收益率约为 29%。

因此，以市场占有率为定价目标具有获取长期较好利润的可能性。

市场占有率目标在运用时存在着保持和扩大两个互相递进的层次。保持市场占有率的定价目标的特征是根据竞争对手的价格水平不断调整价格，以保证足够的竞争优势，防止竞争对手占有自己的市场份额。扩大市场占有率的定价目标就是从竞争对手那里夺取市场份额，以达到扩大企业销售市场乃至控制整个市场的目的。

在实践中，市场占有率目标被国内外许多企业所采用，其方法是以较长时间的低价策略来保持和扩大市场占有率，增强企业竞争力，最终获得最优利润。但是，这一目标的顺利实现至少应具备以下三个条件：

(1) 企业有雄厚的经济实力，可以承受一段时间的亏损，或者企业本身的生产成本本来就低于竞争对手。

(2) 企业对其竞争对手的情况有充分了解，有从其手中夺取市场份额的绝对把握；否则，企业不仅不能达到目的，反而很有可能会受到损失。

(3) 在企业的宏观营销环境中，政府未对市场占有率作出政策和法律的限制。比如美国制定有"反垄断法"，对单个企业的市场占有率进行限制，以防止少数企业垄断市场。在这种情况下，盲目追求高市场占有率往往会受到政府的干预。

7.1.3　以竞争为目标的定价

企业对竞争者的行为都十分敏感，尤其是价格的变动状况。在市场竞争日趋激烈的形势下，企业在实际定价前，都要广泛收集资料，仔细研究竞争对手的产品价格情况，通过自己的定价目标去对付竞争对手。根据企业的不同条件，一般有以下决策目标可供选择。

1) 稳定价格目标

稳定价格目标指以保持价格相对稳定、避免正面价格竞争为目标的定价。当企业准备在一个行业中长期经营时，或某行业因经常发生市场供求变化与价格波动而需要有一个稳定的价格来稳定市场时，该行业中的大企业或占主导地位的企业率先制定一个较长期的稳定价格，其他企业的价格与其保持一定的比例。这样，对大企业是稳妥的，中小企业也避免遭受由于大企业的随时随意提价而带来的打击。

2) 追随定价目标

追随定价目标指企业有意识地通过给产品定价来主动应付和避免市场竞争。企业价格的制定，主要以对市场价格有影响的竞争者的价格为依据，根据具体产品的情况稍高或稍低于竞争者。竞争者的价格不变，实行此目标的企业也维持原价；竞争者的价格或涨或落，此类企业也相应地参照调整价格。一般情况下，中小企业的产品价格定得略低于行业中占主导地位的企业的价格。

3) 挑战定价目标

挑战定价目标指如果企业具备强大的实力和特殊优越的条件，可以主动出击，挑战竞争对手，获取更大的市场份额。

一般常用的策略目标有：

(1) 打击定价。实力较强的企业主动挑战竞争对手，扩大市场占有率，可采用低于竞争者的价格出售产品。

(2) 特色定价。实力雄厚并拥有特殊技术、产品品质优良或能为消费者提供更多服务的企业，可采用高于竞争者的价格出售产品。

(3) 阻截定价。为了防止其他竞争者加入同类产品的竞争行列，在一定条件下，往往采用低价入市，迫使弱小企业无利可图而退出市场或阻止竞争对手进入市场。

将定价目标分为利润目标、销售目标和竞争目标，只是一种实践经验的总结。它既没有穷尽所有可能的定价目标，又没有限制每个企业只能选用其中的一种。由于资源的约束，企业规模和管理方法的差异，企业可能从不同的角度选择自己的定价目标。不同行业的企业有不同的定价目标，同一行业的不同企业可能有不同的定价目标，同一企业在不同的时期、不同的市场条件下也可能有不同的定价目标，即使采用同一种定价目标，其价格策略、定价方法和技巧也可能不同。企业应根据自身的性质和特点，具体情况具体分析，权衡各种定价目标的利弊，灵活确定自己的定价目标。

7.1.4 以社会效益为目标的定价

合理定价，不仅要考虑成本、消费者需求、竞争者定价策略，还必须考虑社会效益。例如，美国政府通过建立和完善价格立法及严格执法机构来制约企业的定价行为。一方面，保护生产者利益；另一方面保护消费者利益。因此，企业在定价时，必须在遵守政府法律法规的前提下，例如关系到民生的电价、水价就必须考虑社会效益，考虑大众的基本承受能力。对于电信产品而言，同样也有基本保障产品来保证大众基本的通信需求，因此价格会相对较低，这就是以社会效益为目标的定价。

7.2 定 价 方 法

定价方法是企业在特定的定价目标指导下，依据对成本、需求及竞争等状况的研究，运用价格决策理论，对产品价格进行计算的具体方法。定价方法主要包括成本导向、竞争导向和顾客导向等三种类型。

7.2.1　成本导向定价法

以产品单位成本为基本依据，再加上预期利润来确定价格的成本导向定价法，是中外企业最常用、最基本的定价方法。成本导向定价法又衍生出了总成本加成定价法、目标收益定价法、边际成本定价法、盈亏平衡定价法等几种具体的定价方法。

1) 总成本加成定价法

在总成本加成定价方法下，把所有为生产某种产品而发生的耗费均计入成本的范围，计算单位产品的变动成本，合理分摊相应的固定成本，再按一定的目标利润率来决定价格。

2) 目标收益定价法

目标收益定价法又称投资收益率定价法，是根据企业的投资总额、预期销量和投资回收期等因素来确定价格。

3) 边际成本定价法

边际成本是指每增加或减少单位产品所引起的总成本变化量。由于边际成本与变动成本比较接近，而变动成本的计算更容易一些，因此在定价实务中多用变动成本替代边际成本，而将边际成本定价法称为变动成本定价法。

4) 盈亏平衡定价法

在销量既定的条件下，企业产品的价格必须达到一定的水平才能做到盈亏平衡、收支相抵。既定的销量就称为盈亏平衡点，这种制定价格的方法就称为盈亏平衡定价法。科学地预测销量和已知固定成本、变动成本是盈亏平衡定价的前提。

7.2.2　竞争导向定价法

在竞争十分激烈的市场上，企业通过研究竞争对手的生产条件、服务状况、价格水平等因素，依据自身的竞争实力，参考成本和供求状况来确定商品价格。这种定价方法就是通常所说的竞争导向定价法。竞争导向定价法主要包括随行就市定价法、产品差别定价法和密封投标定价法。

1) 随行就市定价法

在垄断竞争和完全竞争的市场结构条件下，任何一家企业都无法凭借自己的实力而在市场上取得绝对的优势。为了避免竞争特别是价格竞争带来的损失，大多数企业都采用随行就市定价法，即将本企业的某产品价格保持在市场平均价格水平上，利用这样的价格来获得平均报酬。此外，采用随行就市定价法，企业就不必去全面了解消费者对不同价差的反应，也不会引起价格波动。

2) 产品差别定价法

产品差别定价法是指企业通过不同营销努力，使同种同质的产品在消费者心目中树立起不同的产品形象，进而根据自身特点，选取低于或高于竞争者的价格作为本企业产品价格。因此，产品差别定价法是一种进攻性的定价方法。

3) 密封投标定价法

在国内外，许多大宗商品、原材料、成套设备和建筑工程项目的买卖和承包以及出售小型企业等，往往采用发包人招标、承包人投标的方式来选择承包者，确定最终承包价格。一般来说，招标方只有一个，处于相对垄断地位，而投标方有多个，处于相互竞争地位。标的物的价格由参与投标的各个企业在相互独立的条件下确定。在买方招标的所有投标者中，报价最低的投标者通常中标，它的报价就是承包价格。这样一种竞争性的定价方法就称密封投标定价法。

7.2.3　顾客导向定价法

现代市场营销观念要求企业的一切生产经营必须以消费者需求为中心，并且在产品、价格、分销和促销等方面予以充分体现。根据市场需求状况和消费者对产品的感觉差异来确定价格的方法叫做顾客导向定价法，又称市场导向定价法、需求导向定价法。顾客导向定价法主要包括理解价值定价法、需求差异定价法和逆向定价法。

1) 理解价值定价法

所谓"理解价值"，是指消费者对某种商品价值的主观评判。理解价值定价法是指企业以消费者对商品价值的理解度为定价依据，运用各种营销策略和手段，影响消费者对商品价值的认知，形成对企业有利的价值观念，再根据商品在消费者心目中的价值来制定价格。

2) 需求差异定价法

所谓需求差异定价法，是指产品价格的确定以需求为依据，首先强调适应消费者需求的不同特性，而将成本补偿放在次要的地位。这种定价方法，对同一商品在同一市场上制定两个或两个以上的价格，或使不同商品价格之间的差额大于其成本之间的差额，其好处是可以使企业定价最大限度地符合市场需求，促进商品销售，有利于企业获取最佳的经济效益。

需求差异定价的基础是顾客需求、顾客的购买心理、产品样式、地区差别以及时间差别等。采用这种方法定价，一般是以该产品的历史定价为基础，根据市场需求变化的具体情况，在一定幅度内变动价格。这种方法的具体实施通常有以下四种方式：

(1) 基于顾客差异的差别定价：这是根据不同消费者消费水平和消费习惯等差异，制定不同的价格，如会员与非会员，国内消费者与国外消费者，学生、教师、军人与其他顾客，新老顾客等。

(2) 基于不同地理位置的差别定价：由于地区间的差异，同一产品在不同地区销售时，可以制定不同的价格。例如，头等舱与普通舱、电影院或赛场的前排与后排等价格均不同，"全球通"话费在北京、深圳等沿海城市的价格与内地边远地区的价格也完全不同。

(3) 基于产品差异的差别定价：企业在定价时，并不根据产品成本不同按比例定价，而是按外观和式样不同来定价。这里的定价所考虑的真正因素是不同外观和式样对消费者的吸引程度。比如说，营养保健品中的礼品装、普通装及特惠装等三种不同的包装，虽然产品的内涵和质量一样，但价格往往相差很大；再比如，55 吋平板彩色电视机比 42 吋的成本高 1000 元，但市场售价却高 3000 元。

(4) 基于时间差异的差别定价：在实际中我们往往可以看到，同一产品在不同时间段里的效用是完全不同的，顾客的需求强度也是不同的。在需求旺季时，商品需求价格弹性化，可以提高价格；在需求淡季时，价格需求弹性较高，可以采取降低价格的方法吸引更多顾客。提前购买机票可以得到较大折扣就是最好的例子。

3) 逆向定价法

逆向定价方法主要不是考虑产品成本，而是重点考虑需求状况。依据消费者能够接受的最终销售价格，逆向推算出中间商的批发价和生产企业的出厂价格。逆向定价法的特点是：价格能反映市场需求情况，有利于加强与中间商的良好关系，保证中间商的正常利润，使产品迅速向市场渗透，并可根据市场供求情况及时调整，定价比较灵活。

7.2.4 各种定价方法的运用

定价方法很多，企业应根据不同经营战略和价格策略、不同市场环境和经济发展状况等，选择不同的定价方法。

图 7-1 是价格对产品需求的影响分析，由图可知，如果不充分考虑市场需求和竞争情况，变动价格有时候会带来需求的大变动。

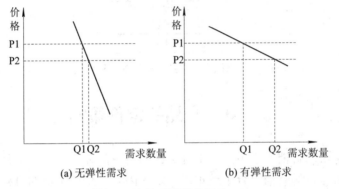

图 7-1 定价对需要的影响

1. 成本导向定价法

从本质上说，成本导向定价法是一种卖方定价导向。它忽视了市场需求、竞争和价格水平的变化，有时候与定价目标相脱节。此外，运用这一方法制定的价格均是建立在对销量进行主观预测的基础上，从而降低了价格制定的科学性。因此，在采用成本导向定价法时，还需要充分考虑需求和竞争状况，以确定最终的市场价格水平。

2. 竞争导向定价法

竞争导向定价法是以竞争者的价格为导向的。它的特点是：价格与商品成本和需求不发生直接关系；商品成本或市场需求变化了，但竞争者的价格未变，就应维持原价；反之，虽然成本或需求都没有变动，但竞争者的价格变动了，则相应地调整其商品价格。当然，为实现企业的定价目标和总体经营战略目标，谋求企业的生存或发展，企业可以在其他营销手段的配合下，将价格定得高于或低于竞争者的价格，并不一定要求和竞争对手的产品价格完全保持一致。

3. 顾客导向定价法

顾客导向定价法是以市场需求为导向的定价方法。它的特点是：价格随市场需求的变化而变化，不与成本因素发生直接关系；符合现代市场营销观念要求，企业的一切生产经营以消费者需求为中心。

7.3　产品定价的基本程序

图 7-2 是产品定价的基本程序，包括选择定价目标、估计市场需求、测算产品成本、分析竞争者产品、选择定价方法、确定最终价格等六个步骤。

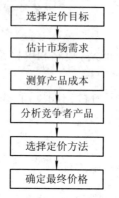

图 7-2　产品定价的基本程序

7.4　产品的定价策略

定价策略是市场营销组合中一个十分关键的组成部分。价格通常是影响交易成败的重要因素，同时又是市场营销组合中最难以确定的因素。企业定价的目标是促进销售，获取利润。这要求企业既要考虑成本的补偿，又要考虑消费者对价格的接受能力，从而使定价策略具有买卖双方双向决策的特征。此外，价格还是市场营销组合中最灵活的因素，它可以对市场作出灵敏的反映。

7.4.1　撇脂定价策略

所谓撇脂定价是指在产品生命周期的最初阶段，把产品的价格定得很高，以攫取最大利润。

撇脂定价的条件：

(1) 市场有足够的购买者，他们的需求缺乏弹性，即使把价格定得很高，市场需求也不会大量减少。

(2) 高价使需求减少，但不致抵消高价所带来的利益。

(3) 在高价情况下，仍然独家经营，别无竞争者。高价使人们产生这种产品是高档产品的印象。

上世纪 90 年代初，中国电信固定网的初装费用高达 3000 元，就属于撇脂策略。当时的市场环境是中国人的通信需求刚刚激发，市场快速增长，家家户户都需要安装电话。而到 2005 年以后，中国电信再也没有收取初装费的市场环境了。现在不少家庭都不装固话了，这都是通信运营商激烈竞争和技术发展的结果。

1995 年～2000 年，中国移动刚推出 GSM 移动通信业务时，全球通采取双向收费，买手机加收初装费用，就属于撇脂策略。撇脂策略使中国移动公司实力迅速增强，成为中国最大的移动通信运营商。

7.4.2 渗透定价策略

所谓渗透定价是指企业把其创新产品的价格定得相对较低，以吸引大量顾客，提高市场占有率。

渗透定价的条件：

(1) 市场需求对价格极为敏感，低价会刺激市场需求迅速增长。

(2) 企业的生产成本和经营费用会随着生产经营经验的增加而下降。

(3) 低价不会引起实际和潜在的竞争。

7.4.3 满意定价策略

满意定价策略是一种介于撇脂定价策略和渗透定价策略之间的价格策略，其所定的价格比撇脂价格低，而比渗透价格要高，是一种中间价格。这种定价策略由于能使生产者和顾客都比较满意而得名。有时它又被称为"君子价格"或"温和价格"。

案例一

苹果产品定价策略被指存在价格歧视

事实上，有关苹果产品的价格歧视问题，近 6 年来一直是美国之外的消费者集中投诉苹果的主要话题。欧洲、日本、中国香港等主流市场多次对它提出控告，但这一价格差多年来反而有拉大倾向。

"苹果在全球区域市场的营销，有价格歧视的因素。"中国消费电子产业链整合专家李易对《第一财经日报》说，因为苹果产品的单价在境外市场均高于美国本土。

上海一家企业的小周(化名)最近有点郁闷，因为公司今年 4 月统发的 iPhone 不小心丢了。他没声张，因为当初那款产品的单价高达 6000 元。他去联通营业厅问了问，5880 元，也不低。于是他只好在淘宝上买了个水货，花去 4300 多元。

这价格比 2008 年苹果发布该产品一个月后的美国裸机价还高 200 元。当初，美国签约价仅 299 美元。如果算上折旧，这款未来一至两年内可能退市的产品，中外价差至少在 1000 元以上。

正在热炒的苹果 iPhone 4，中外价差更大。这款产品捆绑美国运营商两年套餐的话，单价仅 199 美元。裸机价则为 599 美元，约合 4100 元人民币。而中国市场目前销售的水货已高达 6800 元，中美市场价差超过 2700 元。

这种高价差背后反映了苹果产品怎样的定价机制？而苹果产品在中国市场的新增成本来自哪里？

以小周丢失的 iPhone 3GS(16 G 版)为例，专业调研机构 iSuppli 此前报告称，其材料成本 172.46 美元，制造成本 6.50 美元，总成本仅 178.96 美元，按两年前汇率计算，约合 1300 元人民币。

但苹果绝不可能按物理、生产成本兜售它，因为它的付出中，还包括技术专利、长期研发、广告营销及各种人力成本等。比如，正式推出前，苹果已为这款产品规划设计了近 4 年，而它每年的研发总投入稳定在 15 亿美元至 20 亿美元之间。作为当时重头产品，iPhone 3GS 耗费的成本外部无法量化。即便按其四大重点产品系列平均计算，也要几亿美元。

而且，苹果本来就将自身品牌定位于高端，先前还自称消费电子的奢侈品。分析人士说，苹果多年来给自己设定的毛利率高达 70% 以上。这意味着，融合上述成本后，iPhone 3GS(16 G 版)的最低成本也要在 2000 元左右。

对于中国的合作伙伴中国联通来说，行货 iPhone 是它的"垄断"性产品。它不可能以均价 2000 元兜售。抛开复杂的套餐外，仅仅裸机，一年过去，截至目前仍然高达 5880 元，等于说，一个硬件终端，就有 3880 元的差价。

这部分自然不是纯利润。联通在全国各地的营业网布局，以及为了与中移动等对手竞争而实施的各种 3G 终端方案促销、广告投入等，都隐含着巨大的成本。但是，相对于过去 CDMA 手机几乎在倒贴兜售，联通的 iPhone 几乎算是暴利了。

事实上，中国早已扮演了这一角色。在苹果产品的价格构成中，中国不但承受了价格差压力，还是其全球最大的采购、生产基地。除了少量的关键元器件外，苹果产品的大部分材料都出自中国，而富士康、华硕大陆工厂则是它廉价的组装基地。

当年，299 美元的苹果 iPod 中，中国大陆获得的组装费仅 3 美元；如今，499 美元的 iPad，中国组装费仅 11.2 美元(iSupply 报告)。它们从中国出去，贴一个"苹果"的 LOGO，然后继续回来赚取高额价差。

本报前不久曾报道过，苹果是一家以软件平台为"托"(黏性)，而靠硬件直接赚钱的企业。中国以及全球其他区域市场的价格差，为其贡献了巨额营收、利润。要知道，2007 年，苹果营收还只有 240 亿美元，而 2009 年已高达 430 亿美元，两年几乎翻倍。

苹果第二季财报也显示，苹果 70% 以上的营收来自海外。其中，欧洲、日本、亚太市场等地的增速高于其本土两倍，而以中国为核心的亚太，增速更是高达 184%。怪不得苹果现在这么"重视"中国。未来，乔布斯也许会打破 10 多年没来中国的惯例了。

资料来源：第一财经日报

中国移动掀降价战　　股东质疑"割喉式"减价

2010 年 5 月，中国移动在全国掀起了近年来少有的减价战，平均价格降幅超过 15%，部分套餐的降幅更高达 40%。外界将中国移动的此次降价形容为"破釜沉舟"，将令行业竞争更趋白热化。因为在过去一年中，中国电信和中国联通已对中国移动构成强大压力，抢走不少高价值的全球通用户。

针对中国移动的"割喉式"减价，一些股东认为这是恶性竞争。但董事长王建宙予以反驳，认为中国移动的此次减价是理性竞争，以效益和利润先行，对套餐资费进行的修改只是优化了通话计划，并且更加重视数据服务。他有信心减价后可以增加公司收入。

中金公司分析师陈昊飞的研究报告认为，目前通信市场的价格弹性已经基本消失，中国移动资费下调无疑是为了保存吸引力而采取的无奈的"自损"行为。另有广东某运营商人士说，关键在于中国移动 TD 制式的 3G 网络缺乏吸引力。未来一到两年，其高端用户仍将继续向联通或电信流失。

不过，王建宙宣布了另一条提振市场信心的消息：中国移动终于与苹果公司达成共识，苹果公司将支持中国移动的 TD-LTE(4G 网络)技术。但他没有透露支持中国移动 4G 网络的 iPhone 手机的发布日期。

过去三年，由于中国移动不肯让步及苹果要价极高，中国移动一直未能成功引入全球热销的 iPhone 手机，损失了不少用户。

目前，苹果计划今年下半年推出的第五代 iPhone 是否支持中国移动的 4G 网络还不得而知。市场预计，支持中国移动 4G 网络的 iPhone 还需等待至少一年时间。一方面，有关芯片组并不能达到苹果要求的良品率；另一方面，中国移动 4G 网络最快到明年才能商业化运营。目前，中国移动有 400 万用户使用 iPhone，但他们只能使用其 2G 网络。

资料来源：广州日报

习　题　七

1．企业产品定价的目标有哪几种？请分别举一个电子通信行业产品的例子。

2．定价方法有那几种？中国移动资费最近下降很快，是基于哪一种定价方法？为什么要采用这种定价方法？

3．常用的定价策略有哪些？请各举一个例子。

第八章　通信营销组合——分销渠道策略

本章主要内容：
【1】分销渠道策略的概念和作用；
【2】分销渠道的类型；
【3】分销渠道的管理。

本章学时：4 学时

8.1　分销渠道概述

8.1.1　电信分销渠道的概念

《市场营销管理》(菲利普·科特勒著)中采用斯特恩和艾尔·安塞利的观点，认为营销渠道是促使产品或服务顺利地被使用或消费的一整套相互依存的组织。

电信分销渠道也指电信营销渠道或配销渠道，是指电信产品或服务从电信企业转至最终消费者手里所必须经历的一系列流通环节连接起来形成的通道。它由位于起点的电信企业和位于终点的消费者，以及中间商组成。

电信分销渠道的概念包含以下三层意思：

(1) 它是电信产品或服务及其所有权转移的通道；

(2) 起点是电信企业，终点是消费者；

(3) 是相互依存的组织和个人的集合。

分销渠道作为一种通道，可使商品实体和所有权从生产领域转移到消费领域。分销渠道的各种机构是由几种类型的流程连接起来的，按菲利普·科特勒的归纳分为商流、物流、货币流、信息流和促销流。它们各自的流程如图 8-1 所示。

(1) 商流：指产品从生产领域向消费领域转移过程中的一系列买卖交易活动。在这一活动中，实现商品的所有权由一个机构向另一个机构的转移。

(2) 物流：也称实体流，是指产品从生产领域向消费领域转移过程中的一系列产品实体的运动。它包括产品实体的储存以及由一个机构向另一个机构进行的运输过程，同时还包括与其相关的产品包装、装卸、流通、加工等活动。

(3) 货币流：指产品从生产领域向消费领域转移的交易活动中所发生的货币运动。一般是顾客通过银行或其他金融机构将货款付给中间商，再由中间商扣除佣金或差价后支付给制造商。一般来说，货币流与商流正好反方向运动。

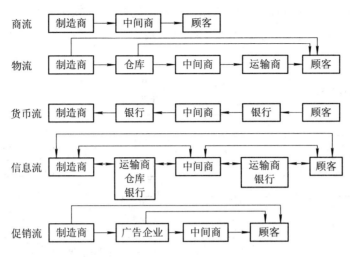

图 8-1　分销渠道中五种不同的流程

(4) 信息流：指产品从生产领域向消费领域转移过程中所发生的一切信息收集、传递和加工处理等活动。它既包括制造商向中间商及其顾客传递产品、价格、销售方式等方面的信息，也包括中间商及其顾客向制造商传递购买力、购买偏好、对产品及其销售状况的意见等信息。信息流的运动是双向的。

(5) 促销流：指企业为增加产品销售，通过广告、公关宣传、人员促销、营业推广等促销活动对顾客产生影响的过程。

在以上"五流"中，商流和物流是最为主要的，是整个产品分销活动得以实现的关键，对分销渠道的研究也主要针对这两个流程。

8.1.2　电信分销渠道的作用

分销渠道是企业实现产品销售的重要因素，也是企业了解和掌握市场需求的重要信息来源。产品分销渠道在市场营销中所起的作用，主要表现为以下几个方面：

(1) 实现产品从生产者到消费者的转移。

产品分销渠道的起点同生产相接，终点同消费者相接，产品通过这条渠道源源不断地从生产者流向消费者。对产品生产者来说，产品价值得到了实现，再生产得以继续进行；对消费者来说，获得了消费品，需求得到了满足。

(2) 调剂余缺，平衡供需。

首先，中间商在实现产品从生产者向消费者转移的过程中，通过产品由零集整和散整为零，即将小批量的产品汇集成大批量，再将大批量的产品分割成许多小批量提供给消费者，从而解决了供需双方在产品数量上的矛盾。其次，生产者在花色品种、供货的时间和地点上都存在差异，因此中间商会根据不同地区市场的不同需要，把产品分成不同的等级，按产品的不同花色、品种进行分类，有针对性地满足消费者的需要。另外，对于季节性产品，中间商可以通过汇集、储存、加工以及集散等手段，按季节供应给消费者，达到购销两旺。

(3) 简化交易，提高效益。

在现实中，中间机构自身特有的功能，使其能够保证产品流通的顺利实现，缩短了产品的销售时间，简化了交易联系，减少了交易次数，提高了产品销售的效率和效益，如图8-2所示。

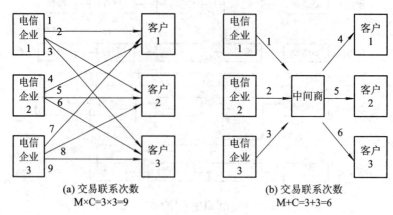

图 8-2　中间商简化交易过程

(4) 分销渠道是重要的信息来源。

中间商一方面能及时为生产者提供有关市场的信息资料；另一方面能给消费者以消费指导，向消费者传递产品的信息。通过这种信息沟通和反馈，生产者能及时改进自己的产品和营销组合方案，提高自身的竞争能力。

(5) 有利于企业开拓市场，增进销售。

现代产品社会的生产规模日益集中，这决定了企业市场的辐射面在扩大，即潜在顾客将分布在更广阔的区域内。这样广阔的营销活动对生产企业来说是很难顾及到的。产品交换所体现的"天然属性"，使得专门通过媒介进行交换的商业分销渠道具有市场扩散的作用。

8.1.3　中间商的类型

电信分销渠道的起点是电信企业，终点是消费者，中间环节是中间商。中间商是指在生产者与消费者之间参与产品交易业务，促使买卖行为发生和实现，具有法人资格的经济组织和个人。相对生产者和消费者而言，中间商是专门从事产品流通的独立行业，即商业。

根据中间商在产品流通过程中的基本职能的差异性，可将中间商划分成如图8-3所示的类型。

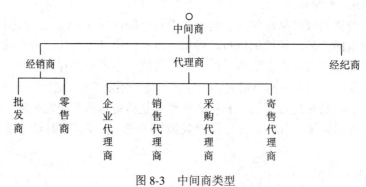

图 8-3　中间商类型

1. 经销商

经销商是指在从事产品交易的业务活动中拥有产品所有权的一种中间商。经销商一旦购进产品，就得到了产品的所有权。他们独立经营，自负盈亏，自然就承担着能否售出产品的风险。经销商包括零售商和批发商。

(1) 零售商是指向最终消费者提供商品和服务的中间商。零售商是销售系统中数量最多的组织。按经营商品类别不同，零售商分为百货公司、超级市场、专卖店、便利店等；从着眼于价格竞争来看，零售商分为折扣商店、仓库商店等；从是否设铺面来看，零售商分为邮购和电话订货零售商、自动机售货、流动售货等；从管理系统不同的各种零售组织来看，零售商分为联营商店、连锁店、协同商业百货商店、消费者合作社等。

(2) 批发商是介于生产者和零售商之间的中间商。它按营销商品种类的多少来分，可以分为一般批发商和专业批发商；按照服务地区分，可以分为全国批发商、区域批发商和地方批发商；按服务的内容分，可以分为综合服务批发商和专业服务批发商。

2. 代理商

代理商是指受委托人委托，替委托人采购或销售产品，收取佣金的一种中间商。代理商与生产企业之间的关系不是买卖关系，而是被委托人与委托人的关系，不拥有产品所有权。其主要类型有如下几种。

(1) 企业代理商：按照生产企业规定的售价、销售地点等条件销售产品，并向生产企业提供市场信息，提出产品设计样式及定价等。他们获取一定的佣金。

(2) 销售代理商：一种独立的中间商，受托负责代销生产企业的全部产品，不受地区限制，并拥有一定的售价决定权。一个生产企业在同一时期只能委托一家销售代理商，且本身不能进行直接销售活动，因此销售代理商实际上是生产企业的全权独家代理商。正因为如此，销售代理商要对生产企业承担较多的义务。

(3) 采购代理商：一般与顾客有长期联系，能利用其消息灵通、及时把握市场信息的特点，代客户采购价廉质高的货物，并且也负责为客户收货、验货、储运，最后将货物运交客户。

(4) 寄售代理商：又称佣金商或佣金行，他们受生产者的委托进行现货(多见于农产品)的代销。

3. 经纪商

经纪商既无产品所有权，也无现货，只为买卖双方提供价格、产品及一般市场信息，为买卖双方洽谈业务起牵线搭桥的作用，促成交易后收取一定的佣金，较为常见的如房地产经纪商。

经纪商是电信企业可采用的一种有效的中间商形式，尤其是在技术含量高、资费水平高的电信新业务的推销中，经纪商是大有作为的。目前，一些电信企业为职工规定了住宅电话、移动电话、宽带的发展数量，并制定了相应的奖励办法，实质上是采用了经纪商分销渠道方式。

8.2　分销渠道的分类

分销渠道因素包括渠道的长短、宽窄决策，中间商的选择，以及分销渠道的分析评价和变革等内容。图 8-4 所示为消费品分销渠道结构，图 8-5 所示为工业品分销渠道结构，图 8-6 所示为窄渠道与宽渠道的分销结构。

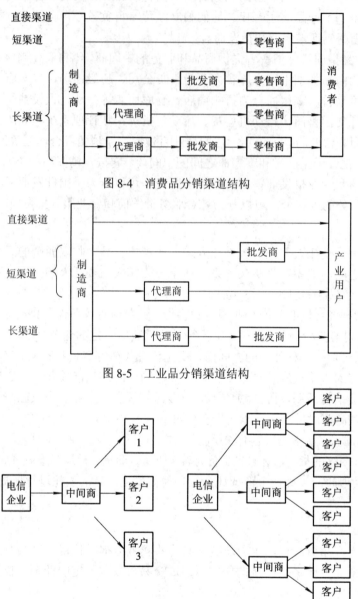

图 8-4　消费品分销渠道结构

图 8-5　工业品分销渠道结构

(a) 窄渠道　　　　　　　　　　(b) 宽渠道

图 8-6　窄渠道与宽渠道

下面是几种不同类型渠道的简单比较。

1. 直接渠道和间接渠道

直接渠道就是企业直接把产品销售给顾客，没有中间环节，例如中国移动营业厅、中国电信营业厅和中国联通营业厅就分别属于 GSM、3G、天翼等业务的直接渠道；间接渠道就是企业的产品经过中间商转手买卖后到达顾客手中，比如诺基亚手机，经过中国移动定制采购后，再捆绑销售给客户。对于诺基亚而言，这就是间接渠道。

2. 长渠道和短渠道

如果企业采用间接渠道，按照经过的流通环节或层次的多少，就有长渠道和短渠道之分。连续通过两个以上中间商的分销环节，比如既经过批发商又经过零售商两个环节或两个以上环节的，叫做长渠道；只通过一个中间商的分销环节，比如只经过零售商或批发商一个环节的，叫做短渠道。比如某芯片产品，经过一级代理、二级代理甚至三级代理后到达客户手中，这种销售模式为长渠道。而中间环节比较少的分销渠道称为短渠道。

3. 宽渠道和窄渠道

生产企业在决定通过运用中间商建立间接分销渠道时，还应根据有关因素来决定中间商的多寡，即在间接分销中是采取宽渠道还是窄渠道的决策。产品生产者通过两个或两个以上的中间商同时并行地销售自己的产品，称为宽销售渠道；只选用一个中间商销售自己的产品，称为窄销售渠道。

4. 新的渠道系统

20 世纪 80 年代以来，分销渠道系统突破了由生产者、批发商、零售商和消费者组成的传统模式和类型，有了新的发展，如垂直渠道系统、水平渠道系统和多渠道营销系统等。

1) 垂直渠道系统

垂直渠道系统是由生产企业、批发商和零售商组成的统一系统。一个渠道成员拥有其他成员，或与其他渠道成员签有合同，或有能力迫使渠道成员合作，依靠经营规模、讨价还价的能力以及消除重复服务来达到经济节约的目的。垂直分销渠道的特点是专业化管理、集中计划，销售系统中的各成员为共同的利益目标，都采用不同程度的一体化经营或联合经营。

2) 水平渠道系统

水平渠道系统指同一销售层上的两家或两家以上的公司联合起来的渠道系统，通过共同合作，企业可以联合资金、生产力或营销资源来实现一个企业不能单独完成的工作。他们可实行暂时或永久的合作。这种系统可发挥群体作用，共担风险，获取最佳效益。

3) 多渠道营销系统

多渠道营销系统指对同一或不同的分市场采用多条渠道来营销的系统。这种系统一般分为两种形式：一种是生产企业通过多种渠道销售同一商标的产品，这种形式易引起不同渠道间激烈的竞争；另一种是生产企业通过多渠道销售不同商标的产品。

8.3　分销渠道的设计

8.3.1　影响电信分销渠道选择的因素

影响分销渠道选择的因素很多。生产企业在选择分销渠道时，只有对下列几方面的因素进行系统的分析和判断，才能作出合理的选择。

1. 市场因素

(1) 目标市场范围。市场范围宽广，适用长、宽渠道；反之，适用短、窄渠道。

(2) 顾客的集中程度。顾客集中，适用短、窄渠道；顾客分散，适用长、宽渠道。

(3) 顾客的购买量、购买频率。购买量小，购买频率高，适用长、宽渠道；相反，购买量大，购买频率低，适用短、窄渠道。

(4) 消费的季节性。没有季节性的产品一般都均衡生产，多采用长渠道；反之，多采用短渠道。

(5) 竞争状况。除非竞争特别激烈，通常，同类产品应与竞争者采取相同或相似的销售渠道。

2. 产品因素

(1) 物理化学性质。体积大、较重、易腐烂、易损耗的产品适用短渠道或直接渠道、专用渠道；反之，适用长、宽渠道。

(2) 价格。一般地，价格高的工业品、耐用消费品适用短、窄渠道；价格低的日用消费品适用长、宽渠道。

(3) 时尚性。时尚性程度高的产品适宜短渠道；款式不易变化的产品，适宜长渠道。

(4) 标准化程度。标准化程度高、通用性强的产品适宜长、宽渠道；非标准化产品适宜短、窄渠道。

(5) 技术复杂程度。产品技术越复杂，需要的售后服务要求越高，适宜直接渠道或短渠道。

3. 企业自身因素

(1) 财务能力。财力雄厚的企业有能力选择短渠道；财力薄弱的企业只能依赖中间商。

(2) 渠道的管理能力。渠道管理能力强和经验丰富，适宜短渠道；管理能力较弱的企业适宜长渠道。

(3) 控制渠道的愿望。愿望强烈往往选择短而窄的渠道；愿望不强烈，则选择长而宽的渠道。

4. 中间商因素

(1) 合作的可能性。如果中间商不愿意合作，只能选择短、窄的渠道。

(2) 费用。如果利用中间商分销的费用很高，只能采用短、窄的渠道。

(3) 服务。中间商提供的服务优质，企业采用长、宽渠道；反之，只有选择短、窄渠道。

5. 环境因素

(1) 经济形势。经济萧条、衰退时，企业往往采用短渠道；经济形势好，可以考虑长渠道。

(2) 有关法规。如专卖制度、进出口规定、反垄断法、税法等。

8.3.2　电信分销渠道选择策略

1. 渠道长度策略

在分销渠道中，中间环节的多少表示了渠道的长度。中间环节越多，渠道越长；中间环节越少，渠道越短。企业在营销中要依靠中间商的力量销售产品，就必须采用分销策略来选择分销渠道模式，即运用长渠道策略或短渠道策略来选择企业分销渠道。企业分销渠道设计首先是要决定采取什么类型的分销渠道，是派推销人员上门推销或以其他方式自销，还是通过中间商分销。如果决定中间商分销，还要进一步决定选用什么类型和规模的中间商。这些问题的决策只有系统地、综合地考虑多种因素，才能作出决断。

2. 渠道宽度策略

渠道宽度的选择主要取决于产品本身的特点、市场容量的大小和需求面的宽窄。通常有以下几种可供选择的形式：

(1) 密集分销(广泛分销)策略。电信企业在某一时期内，尽可能使用多数中间商来销售产品，尽可能地加宽分销渠道，以便客户随时随地买到所需的电信产品。

(2) 选择分销策略。电信企业在目标市场上有选择地把产品只交给少数经过精心挑选的、比较合适的中间商来经销。

与密集分销策略相比，采用这种策略具有较强的控制力，成本也较低。选择分销中的常见问题是如何确定经销商区域重叠的程度。虽然市场重叠率会方便顾客的选购，但也会在零售商之间造成一些冲突。低重叠率会增加经销商的忠诚度，但也降低了顾客的方便性。

(3) 独家分销策略。电信企业在某一时期内，在特定的目标市场上只选择一家中间商来销售本企业产品，给予它独家经销权。即生产企业在一定地区、一定时间只选择一家中间商销售自己的产品。

独家分销的特点是竞争程度低。一般情况下，只有当公司想要与中间商建立长久而密切的关系时才会使用独家分销。因为它比其他任何形式的分销更需要企业与经销商之间的联合与合作，其成功是相互依存的。它比较适用于服务要求较高的专业产品。2010 年，苹果 iPhone 手机与中国联通绑定销售，就属于苹果公司的独家分销策略。

(4) 复合式分销策略。电信企业通过多条渠道将相同的产品销售给不同的市场和相同的市场。这种分销策略有利于调动各方面的积极性。

3. 规定渠道成员彼此的权利和责任

在确定了渠道的长度和宽度之后，电信企业还要规定与中间商彼此之间的权利和责任，如对不同地区、不同类型的中间商和不同的购买量给予不同的价格折扣，提供质量保证和跌价保证，以促使中间商积极进货。还要规定交货和结算条件，以及规定彼此为对方提供哪些服务，如产方提供零配件，代培技术人员，协助促销；销方提供市场信息和各种业务统计资料。在电信企业同中间商签约时应包括以上内容。

8.3.3　电信分销渠道评估

当分销渠道方案确定后，电信企业就要对各种备选方案进行评价，找出最优的渠道路线。通常渠道评估的标准有三个：经济性、可控性和适应性，其中最重要的是经济标准。

1. 经济性的标准评估

经济性的标准评估主要是比较每个方案可能达到的销售额及费用水平。

(1) 比较由本企业推销人员直接推销与使用销售代理商，哪种方式的销售额更高。

(2) 比较由本企业设立销售网点来直接销售所花费用与使用销售代理商所花费用，哪种方式的支出大。

企业对上述情况进行权衡，从中选择最佳分销方式。

2. 可控性标准评估

一般来说，采用中间商时可控性小，企业直接销售时可控性大；分销渠道长时可控性难度大，渠道短时可控性较容易些。企业必须进行全面比较、权衡，选择最优方案。

3. 适应性标准评估

假如生产企业同所选择的中间商的合约时间长，而在此期间，其他销售方法如直接邮购更有效，但生产企业不能随便解除合同，这样企业选择分销渠道便缺乏灵活性。因此，生产企业必须考虑选择策略的灵活性，不签订时间过长的合约，除非在经济或控制方面具有十分优越的条件。

8.4　分销渠道的管理

8.4.1　渠道成员的管理

1. 选择渠道成员

如果企业选择间接渠道进入市场，便面临着选择中间商的决策。中间商选择得是否得当，直接关系着企业的市场营销业绩。选择中间商时要广泛收集有关中间商的业务经营、资信、市场范围、服务水平等方面的信息，然后进行比较，确定最恰当的人选。

2. 激励渠道成员

激励渠道成员是指激发渠道成员的动机，使其产生内在动力，朝着所期望的目标前进的活动过程，目的是调动渠道成员的积极性。

直接激励指的是通过给予物质或金钱奖励来肯定中间商在销售量和市场开拓方面的成绩。直接激励主要有返利政策、价格折扣、开展促销、提供市场基金、设立奖项和补贴等形式。在市场机制日益成熟的今天，直接激励的作用在不断地被削弱。制造商们越来越意识到间接激励的重要性。

所谓间接激励，就是通过帮助中间商进行销售管理，以提高销售的效率和效果来激发中间商的积极性。通常的做法有以下几种形式：

(1) 帮助经销商建立进销存报表，做安全库存和先进先出库存管理。

(2) 帮助零售商进行零售终端管理。

(3) 帮助经销商管理其客户往来，加强经销商的销售管理工作。

(4) 库存保护。使经销商保持一个适度的库存量，以免断货之虑。

(5) 开拓市场。使中间商获得广阔的发展空间，这是一种较为长远的激励措施，是中间商最希望得到的。

(6) 产品及技术支持。

所有以上这些措施都存在一定的短期性。从长远看，应该实施伙伴关系管理，也就是制造商和中间商结成合作伙伴，风险共当，利益共享。

3. 评估渠道成员

生产者除了选择和激励渠道成员外，还必须定期评估他们的绩效。通常的评估指标主要有销售配额的完成情况、平均存货水平、向顾客交货时间、对损坏或遗失商品的处理情况、与企业促销和培训的合作情况等。如果某一渠道成员的绩效过分低于既定标准，需找出主要原因，同时还应考虑可能的补救方法。当放弃或更换中间商将会导致更坏结果时，生产者只好容忍这种令人不满的局面。当不致出现更坏的结果时，生产者应要求工作成绩欠佳的中间商在一定时期内有所改进，否则就要取消他的资格。

苹果中国渠道管控严格

2010 年开始，在中国购买苹果系列产品就像被贴上了"时尚达人"或"酷"的标签。每个年轻人都以能够拥有一款最新的苹果产品而感到自豪。在论坛上，"果粉"和"爱疯"一族不遗余力地"晒"出最新装备。

从来没有一部手机能让运营商们如此彷徨失措，也从来没有一部电脑让消费者如此疯狂。

在给力的产品面前，苹果中国的渠道拓展，到底以一种怎样的架构在进行？等不到 iPhone 4 的消费者不禁要问，是渠道不给力，还是饥饿营销玩得太过火？

到底苹果的销售渠道现在是什么架构？《第一财经日报》通过采访多位知情渠道人士，神秘的苹果中国销售渠道逐步浮出了水面。

现在的苹果销售渠道架构都始自 2008 年下半年，原中国惠普 IPG 高级副总裁邱秋良出任苹果公司中国区总经理之后，苹果总部及中国区对苹果此前稍显混乱的渠道进行调整，现在苹果产品的销售渠道按照 Mac(原 CPU 系列)、数码播放器 iPod(原非 CPU 系列)、手机 iPhone 和平板电脑 iPad 划分为四大类，同时每个产品大类下面又分不同的渠道销售。

iPhone 手机的正规销售渠道目前相对比较少，销售渠道也较为独特，只有 Apple Store 在线商店、Apple Store 零售店和中国联通等三种渠道，其中，中国联通授权苏宁电器销售其部分合约 iPhone 手机。

iPad 的销售渠道则相对多了一些。苹果官方介绍，目前 iPad 的正规购买渠道有 Apple Store 在线商店、Apple Store 零售店、Apple 经销商和 Apple 校园体验中心四种。

同样，以上 iPad 的四种销售渠道也负责销售 Mac 和 iPod 两大类产品。据一位知情人士介绍，现在苹果的销售渠道和之前最大的变化，就是先后在北京和上海开设了四家由苹果公司直营的 Apple Store 零售店。按照苹果总部的规划，由于中国市场快速的发展，苹果计划两年内将在华的 Apple Store 零售店增至 25 家。

该人士表示："Apple Store 零售店将销售全系列的苹果电子产品，和 Apple Store 在线商店一样。"

除苹果自营的零售店和在线商店销售全系列苹果产品外，其余的苹果销售合作伙伴则分别负责销售不同类别的产品，包括神州数码的实体店面神州数码@港、国美电器、苏宁电器以及各种店面在内，统一称为 Apple 经销商。

此外，Apple 经销商又被分为 Apple 优质经销商、Apple Shop、Apple 授权经销商和行业授权经销商四类，分别面对不同的客户群，销售不同的产品，也根据不同的级别享受不同的待遇。

更细化的区别在于，Apple 优质经销商为专营苹果产品的商店或者店铺，Apple Shop 则针对经销包括苹果在内的多品牌电脑电子产品的商店或店铺，其余两类授权经销商则主要针对不同行业的客户或者大客户。

8.4.2　渠道冲突的管理

分销体系是由企业与中间商的合作来维持的。由于渠道成员之间目标的不一致或渠道成员对经济前景的知觉差异，以及存在利益的冲突而可能会产生渠道冲突。渠道冲突可能会推动企业与渠道成员关系的发展，但如果这种冲突没有得到很好的控制，很可能会破坏企业与渠道成员的合作，损害渠道利益和企业形象，甚至会导致企业整体分销系统的瓦解。

1. 渠道冲突的类型

一般来讲，渠道冲突可分为垂直渠道冲突、水平渠道冲突和多渠道冲突等三种类型。

(1) 垂直渠道冲突：指同一渠道中不同层次之间的利害冲突。例如，企业在服务、价格、广告等方面的政策可能会导致其与经销商的矛盾、批发商和零售商之间的矛盾等。

(2) 水平渠道冲突：指在同一层次渠道成员之间的冲突。例如，一些经销商在价格、广告等方面的政策可能导致其与其他经销商的冲突、同一区域内不同零售商之间的冲突等。

(3) 多渠道冲突：指多个渠道的成员之间的冲突。例如，一个渠道的成员降低价格或毛利时可能会引起其他多个渠道成员的抱怨等。

2. 渠道冲突的原因

引起渠道冲突的原因很多，主要有如下几点：

(1) 在买卖交易上，卖方总想以高价出售并希望得到现金支持，而买方总想以低价购进并希望有一定的信用条件。

(2) 在经营目标上，生产者总是希望市场占有率、销售量和利润不断增长，而零售商在销售和利润达到一定程度后却往往不愿再努力。

(3) 在产品销售上，生产者希望中间商销售自己的品牌，中间商则对产品不问品牌，只看销路。

(4) 在利益分配上，生产者希望中间商将厂家提供的折扣再提供给消费者，而中间商却喜欢把这种折扣据为己有。

(5) 生产者和经销商都希望对方负担广告费，承担运输、仓储任务等。

由此可见，销售渠道发生冲突是客观存在的。引起冲突的原因也是多方面的，需要企业具体问题具体分析，采取有针对性的策略来解决。

3. 渠道冲突的解决

促进渠道成员的合作是解决渠道冲突的一种有效方法。由于渠道中每一个成员的行动对其他成员经营目标的实现，常常起着很大的促进或阻碍作用。要成功地控制冲突，就要求渠道中有控制权的成员以及其他成员把渠道看做大家的命运共同体，要有参与成员合作、共求发展的宗旨和信念。

要有效地控制冲突与促进合作，应做好以下几方面工作：

(1) 分析渠道中的潜在冲突。经常分析和发现可能存在的冲突，采取措施防止冲突发生，将可能发生的较大的冲突转化为较小的冲突。

(2) 有计划地监测冲突。随时观察渠道中的每一个环节，特别是渠道中容易发生呆滞或受阻的环节，将这些环节作为监测重点。特别注意冲突发生的线索，如交易对象的抱怨、延期付款、延期交货等。通过监测还可以了解交易人的满意程度，得到改进工作的建议。

(3) 制定解决冲突的策略。

① 共同管理策略，即在处理冲突时，渠道控制者应以其他成员得到更大满意为出发点，充分听取渠道其他成员的意见和建议。

② 协商、规劝和洽谈策略，这一策略一般是在各方权利均衡的状态下采用的。

③ 运用控制权，实行奖惩制度的策略。实行奖惩制度，促使其他成员采用本企业所希望的行动，如自愿联合组织中的批发商和特许人所采取的提供援助或者禁止提供援助，公司系统所用的利益分配制度和奖金制度，鼓励最佳执行者，调整不符合条件的成员。

案例二

互联网引发渠道冲突

从未有过一种销售手段像 Internet 这样把制造商与最终用户拉得这么近，所以，经销商在高兴电子商务带来机会的同时，也担忧网络会砸了自己的饭碗。当制造商真的开始进行网络直销时，就出现了经销商与 Internet 的冲突，或者说是由 Internet 导致的经销商与制造商之间的冲突。

在电脑、汽车、家电和图书音像行业，经销商从某种意义上讲，并没有不可取代的特殊意义；网络，从理论上讲，的确能实现更便捷、更丰富的消费选择。于是，渠道冲突表现得更为明显。1999 年全美唱片零售商协会起诉 Sony 唱片公司就是一个最好的例子，诉状称：Sony 滥用版权垄断优势，在唱片包装上印有该公司自己拥有的在线零售站点网址，诱导购买者转向网络购买，从而给经销商造成损失。"我们并不是要 Sony 唱片关闭他们的零售站点，"协会负责人说，"我们欢迎竞争，这个站点本身不是问题。当 Sony 利用特权把我们的客户拉到他们自己的在线商店时，明显有悖于公平竞争原则。"

8.4.3　分销渠道的调整

企业在设计了适当的分销渠道之后，还需要根据市场情况的变化及时调整分销渠道。分销渠道的调整是企业根据分销渠道的适应性、灵活性的要求，在利润的驱使下，或处于不平衡状态，或企业很有把握预测调整分销渠道会带来更大利润时，对中间商或者整个分销系统进行的调整。一般包括增减渠道中间商、增减某一分销渠道、调整整个分销渠道等三方面。

1. 增减渠道中间商

企业在做出增减渠道中间商这种调整决定时，需要作具体分析，如增加或减少某个中间商，将会对公司的利润带来何种影响。一般来说，在某销售区域增加一家批发商，不仅要考虑这样做将有多大的直接收益，如销售量、销售额、利润的增加额，还要考虑新增的批发商对其他批发商的销售量、成本与情绪会带来什么影响。

2. 增减某一分销渠道

当制造商在某目标市场只通过增减个别中间商不能解决根本问题时，就要增减某一分销渠道，否则就会有失去这一目标市场的危险。例如，某化妆品公司发现其经销商只注意成人市场而忽视儿童市场，引起儿童护肤产品销路不畅，为了促进儿童化妆品市场的开发，就可能需要增加一条新的市场营销渠道。

3. 调整整个分销渠道

调整整个分销渠道即对以往的分销渠道作通盘调整。这类调整是难度最大的，因为要改革企业的整个分销渠道，而不是在原有基础上修修补补。例如，汽车制造厂放弃原来的直销模式，而采用代理商来销售产品。分销渠道的通盘调整，不仅仅是改变渠道，而且会带来其他营销策略的一系列变动。因此，这类调整通常由企业的最高管理层来决策。

上述调整方法，前一种属于结构调整，它立足于增加或减少原有分销渠道的某些层次。后两种属于功能性调整，它立足于将一条或多条渠道的分销工作在渠道成员中重新分配。企业的分销渠道是否需要调整，调整到什么程度，取决于市场营销渠道的整体分销效率。如果矛盾突出且无法协商解决，一般就应当进行调整。

 案例三

索尼爱立信手机的渠道变革策略

中国手机市场的营销渠道状况大致可以归结为三种典型的模式：一是以 MOTOROLA、NOKIA 为代表的，以全国或大区分销为主的粗放型模式；二是以 TCL 等为代表的省级包销、地级分销型模式；三是以波导为代表的自建营销网络型模式。其中波导、TCL 的渠道模式因其空前成功而成为业界佳话。

而索尼爱立信开始进入中国市场时，选择的也是区域总代理形式。它选择了中国邮电器材总公司作为一级别代理，依靠其网络辐射全国。但是这也使索尼爱立信与经销商的合作均衡性减弱，在一些地方可能有很好的经销商，但是在其他地方，特别是主要的市场没有特别强势的经销商，整个渠道的状况及市场的影响力都比较小，其中也包括一部分市场的渠道资金不足；另一方面，手机渠道比较高端，离市场比较远，不能很快地掌握零售店对市场的反应。

由于达不到理想效果，索尼爱立信很快开始了新一步的渠道变革。

索尼爱立信首先进行了扩张渠道。在渠道建设上，索尼爱立信开始"借用"国产手机的渠道，即加强了和传统渠道——中国邮电器材总公司、中国普天集团公司的合作，同时又引进了一家比较强的经销商——深圳天鹰，在各地也筛选和更换了强势的经销商，尤其是省级的。渠道的扩张、引进和筛选更换为索尼爱立信的新产品上市创造了一个基础，也使得索尼爱立信的渠道不论从营销推广，还是从资金实力上都有很大的加强，索尼爱立信的渠道变革初步告捷。

其次，在产品划分上，以前的手机厂商往往按照颜色给分销商划分，而现在则是分析两家总代理在不同区域的实力强弱而赋予其不同地区的总代权。

第三，索尼爱立信还将销售大区进行了重组，由原来分为南、中、北三个区，转化为现在的中、南、西、北四个大区，建立了一种扁平化的渠道结构，并将各大区和分销商的责任和义务进一步明确，昔日代理商抱怨的渠道管理不善的局面就此结束。

改良后的渠道体系与精美的产品相结合，让索尼爱立信打了一个漂亮的翻身仗。

8.5　直销——分销渠道发展趋势

分销渠道并非一成不变，新型的批发和零售机构不断涌现，全新的渠道系统正在逐步形成。分析分销渠道的发展趋势可以从直销的发展、渠道的联合、多渠道系统的发展等方面进行。

8.5.1　直销的发展

直销指产品的所有权直接从生产者手中转移到用户或消费者手中，省去传统市场营销渠道中的诸多中间环节，近年来发展迅速。

直销即"无固定场所销售"(Non-store Retailing)，是一种不经过门市而直接向客户推销商品或客户自由选购商品的销售方式。

常见的无店铺销售有四种类型：直复营销、自动售货、购货服务和人员直销，如图8-7所示。

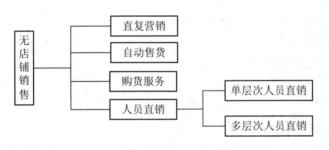

图 8-7　无店铺销售

1. 直复营销(Direct Marketing)

直复营销是一种为了在任何地方都可获得可度量的反应和/或达成交易而使用一种或者多种广告媒体的交互作用的市场营销体系。其重点在"获得一个可量度的反应"，即从客户处获得订单。直复营销的主要形式包括直邮销售、直接广告(在媒体上刊登答卷式广告)、电话销售、网络销售、电视购物，以及目录销售等。

2. 自动售货(Automatic Vending)

自动售货利用自动售货机销售，客户使用硬币或电脑记录卡，立即可以获得货物或服务。一般商品以轻便的日用品或零食为主，包括香烟、饮料、糖果、点心、报纸、车票等；一般服务包括自动洗衣、电动游戏、行李存放、自动计时停车等。

3. 购货服务(Buying Service)

购货服务以特定的客户为服务对象，争取大企业、医院、学校等为购物会员，会员可以凭证向事前约定的商店购买打折商品，商店向购物服务中心付佣金。

4. 人员直销(Direct Selling)

人员直销典型的方式是由推销人员逐户零售或以家庭销售聚会的方式出售商品。就其渠道特征而言，人员直销是直接销售渠道，是以人员推销来达成销售商品或服务给客户的目的的。

人员直销流程为：生产商(直销公司)→直销人员(直销商)→客户。

通常，人员直销根据销售进行方式、组织和佣金结构的不同可以分成两大类，即单层次人员直销和多层次人员直销。无论何种人员直销都是以"人"为主的销售，是通过与客户和潜在客户的人际口头沟通，说服其购买产品或服务的过程。这种双向沟通渠道有许多优势：客户可以讨论、讨价还价，有及时互动的反应，公司可以及时获得反馈并可针对个别客户的特殊需求调整营销策略。

在市场竞争日益激烈的今天，渠道扁平化是趋势。无店铺销售由于具有以下特征而受到厂商的关注：

(1) 直销商替代批发商和零售商的职能，减少了销售环节，降低了流通费用，使产品价格更具有市场竞争力。

(2) 直销商不通过店铺销售，节约了拥有或租用店铺的成本和装修、美化、陈列商品的开支，进一步降低了流通费用。

(3) 为客户提供主动、方便的面对面服务，减少客户购物的时间，降低精力成本，还可以提供个性化服务。

(4) 建立信任之后，可以维持稳定的客户群。

(5) 避开传统的货架竞争。

(6) 提供创业和就业的机会。

8.5.2　渠道的联合

1. 垂直渠道系统的发展

20 世纪下半叶，由于商业趋于集中和垄断，垂直市场营销系统或垂直渠道系统得到新的发展。垂直渠道系统是一个由生产者、批发商和零售商组成的专业化管理和集中计划的组织网络。在此网络系统中，各个成员为了提高经济效益，采取了不同程度的一体化经营或联合经营。渠道成员中有实力者通过控股、契约或影响力迫使其他成员合作。垂直渠道系统相对于传统的渠道系统而言，更有利于控制渠道行动，消除渠道成员为追求各自的利益而造成的冲突，通过其规模、谈判实力和减少重复服务而有计划地取得规模经济和最佳的市场效果。目前，垂直渠道系统主要有以下三种类型：

(1) 公司式垂直渠道系统。公司式垂直渠道系统指由一家企业拥有和管理的若干工厂、批发和零售机构，控制市场营销渠道的若干层次，甚至整个渠道。例如，大生产商通过前向一体化，拥有和统一管理若干生产和商业机构，采取工商一体化经营；又如，大零售商通过后向一体化，拥有和统一管理若干批发机构、生产厂家，综合经营零售、批发、加工、生产等业务。

(2) 管理式垂直营销系统。在西方国家，许多制造商(即使是某些大制造商)不能耗费巨资来建立推销其产品所需要的全部商业机构，因此，有些素有盛誉的大制造商，为了实现其战略计划，往往在销售促进、库存供应、定价、商品陈列、购销业务等问题上与零售商协商一致，或予以帮助和指导，与零售商建立协作关系，这种渠道系统叫做管理系统。例如，美国克拉夫特(Krah)食品公司积极改善产品包装，广泛开展销售促进，为食品杂货商提供购销业务指导，帮助他们改进商品陈列。

（3）契约式垂直渠道系统。契约式垂直渠道系统指不同层次的独立企业为了实现其单独经营所不能达到的经济性，而以契约为基础进行统一行动。契约式垂直系统近年来发展迅速，主要有以下三种形式：

① 特约经销组织。这种渠道系统又可分为三种形式：第一种是制造商创办的零售特约经销系统，如福特汽车公司选择满足有关销售和服务条件的独立经销商出售自己的汽车；第二种是制造商创办的批发特约经销系统，如可口可乐饮料公司特许各个市场的装瓶商购买公司的浓缩饮料，生产装瓶后出售给当地的零售商；第三种是服务公司创办的零售特约经销系统，由一个服务公司组织整个系统，以便更有效地为目标客户提供服务，如出租汽车、快餐服务等。

② 批发商创办的自愿连锁。这种连锁不同于一般连锁商店，它由批发商组织若干中小零售商自愿形成联营组织，与大零售商或大型连锁组织抗衡。这些参加联营的零售商依然保持各自的独立性和经营特点，只是在采购中心的统一管理下进货，实行联购分销。此外，联营组织还为各个成员提供各种服务。

③ 零售商合作组织。为了和大型零售商竞争，一群独立的中小零售商可以组成联合经营体来从事批发业务和可能的生产活动。这些参加联营的零售商通过联营组织，以共同名义集中采购，联合宣传和培训，利润按成员的购买量进行分配。

2. 水平渠道系统的发展

企业为了在激烈的竞争中谋求生存和发展，不但在渠道系统内部采取垂直一体化经营，而且在同一层次的渠道成员之间采取横向联营的方式，共同开发市场营销机会。这些水平渠道系统的建立，往往由于单个企业缺乏开发该市场营销机会所需要的资金、技术、生产设备或市场营销设施，或者无法独自承担巨大的风险，或者期望与其他公司合作以带来协同效应。例如，银行与百货公司订立协议，在百货公司内设置储蓄办事处和自动出纳机，从而以较低的成本进行市场扩张；而百货公司则可以借此为其客户提供存取款项的便利。

8.5.3　多渠道系统的发展

随着市场细分和可供利用的新渠道不断产生，越来越多的企业在激烈的竞争中一改以前只向单一市场使用单一渠道的进入方式，而是采用多种渠道将相同的产品送达多个市场的细分市场。例如，某电脑公司除了直接向组织用户出售个人电脑外，还通过大众化的电器零售商、电脑专卖商、电话销售、互联网等出售产品。多渠道系统的发展增加了企业的市场覆盖，通过增加销售成本低的新渠道来有效降低渠道成本，以及提供更适合不同客户要求的渠道。但是，采取多渠道策略的企业必须有效防止和解决渠道冲突和控制问题。

 案例四

中国移动营销服务渠道

由图 8-8 可以看出，中国移动的营销渠道分为五大种：

(1) 直销渠道;

(2) 实体渠道;

(3) 电子渠道;

(4) 普通代理渠道;

(5) 增值合作渠道。

可见,中国移动采用的是直接渠道和间接渠道以及多渠道的营销相辅相成的策略。2010年12月30日,《巴菲特》杂志2010年"中国上市公司百强"颁奖典礼在北京举行,中国移动通信集团公司成功获评该杂志2010年"中国上市公司百强"排行榜榜首。

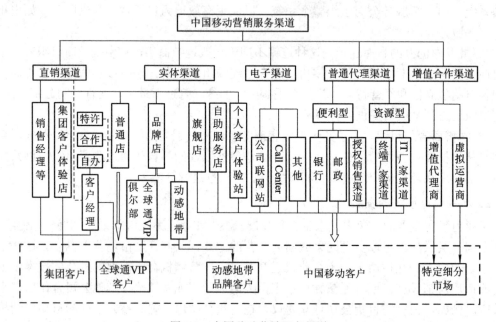

图 8-8　中国移动营销服务渠道

中兴通讯渠道精耕细作

2007 年,中兴通讯在企业网市场销售收入同比增长 51.7%,数据产品销售额突破15 亿元,同比增长超过 100%,连续三年实现翻番。多媒体产品销售额突破 15 亿元,同比增长超过 150%。目前,通过中兴通讯认证的渠道商达到 586 家。其中,数据产品(包括分销产品)渠道商 460 家,通信产品渠道商 126 家。16 家渠道伙伴的销售额超过 1000 万元。

2008 年中兴通讯召开渠道大会宣布渠道新政,可以总结为六个要点:一、渠道政策、资源向核心合作伙伴倾斜;二、激励渠道伙伴对空白市场进行突破;三、进一步区分合作伙伴的类型、级别和相应职能,并辅以政策配合;四、完善渠道优胜劣汰机制,促进强者越强;五、加强渠道管理,打击窜货等违规行为;六、完善核心渠道伙伴与中兴通讯之间的沟通机制,保证各项政策及资源及时传递。

新政核心——细分渠道。

在一系列新政中，渠道命名规则的改变尤为引起渠道商的关注。总分销商和行业代理商的名称不变，关注于分销市场的一级代理商将转变为金、银牌分销商，重点突破分散行业市场；擅长项目运作的一级代理商将转变为白金、金、银牌代理商；高级区域代理商因业绩不同转变为白金、金、银牌代理商；区域代理商转变为银牌代理商和认证代理商。

与去年相比，中兴通讯明显加大了在分销市场的投入力度，并首次提出拓展分散行业市场。中兴通讯的分散行业包括普教、职教、医疗、媒体、网吧、智能楼宇和SMB。

随着渠道体系的改变，产品划分也进行了一定调整。数据产品包括交换机、路由器、无线、视讯、存储、安全等；通信产品包括传输、程控交换机、语音产品；分销产品包括SOHO产品和部分二三级交换机。

从渠道会中，《电脑商报》记者证实，联强国际已经成为神州数码、长虹佳华之后的第三家总分销商。中兴通讯副总经理郑健表示，由于业务增长的需要，2008年2月中兴通讯已经与联强国际签约，与其他总分销商相同，联强国际将代理中兴通讯的全线产品。

服务——渠道分星级。

任何一家网络企业进入发展的第四年，服务业务都是一项挑战。产品三年质保过后，2008年部分产品将过保。因此，中兴通讯对渠道伙伴进行星级评定。经过前一阶段的工作，目前，中兴通讯已经拥有五星级服务商1家，四星级服务商5家，三星级服务商28家。

同时，中兴通讯不再强制金、银牌代理商与星级服务商的关联(白金代理商与金牌分销商除外)，销售类渠道伙伴集中精力于销售，服务类渠道伙伴协助提供支持与服务。

产品亮点——更贴近企业用户。

在本次渠道大会中，中兴通讯发布了一系列新品。在交换机方面，推出了ZXR10 8900系列、ZXR10 6900系列、ZXR10 5100系列、ZXR10 2900系列。其中，ZXR10 2900系列二层智能交换机将承担中兴通讯千兆到配线间、千兆到桌面战略。同时，中兴通讯推出ZSR系列路由器，该产品将直接竞争思科7600系列和H3C的S8800系列。中兴通讯还同时推出了720p、1080i、1080p高清会议电视，以及容量达10 000线的ZXE-CS10000通信产品。此外，还首次推出了独立的安全产品线。中兴通讯副总裁、企业网营销中心总经理钟宏表示，中兴通讯在创新源动力的推动下，将依托新技术和新模式的应用，走出一条差异化竞争的道路。

习　题　八

1. 分销渠道有哪几个不同的流程？请分析它们之间的关系。
2. 中间商有哪几种，分别起什么样的作用。
3. 说明什么是宽渠道，什么是窄渠道，分别各举一个通信行业的例子。
4. 举例说明分销发展的趋势。

第九章　通信营销组合——促销策略

本章主要内容：
【1】促销策略、促销组合及促销方式；
【2】影响促销的主要因素；
【3】人员促销与营业推广。

本章学时：4 学时

9.1　什么是促销策略

促销策略是指企业如何通过人员推销、广告、公关宣传和营业推广等各种促销方式，向消费者或用户传递产品信息，引起他们的注意和兴趣，激发他们的购买欲望和购买行为，以达到扩大销售的目的。

企业将合适的产品在适当的地点、以适当的价格出售的信息传递到目标市场，一般通过两种方式：一是人员推销，即推销员和顾客面对面地进行推销；另一种是非人员推销，即通过大众传播媒介在同一时间向大量顾客传递信息，主要包括广告、公关宣传和营业推广等多种方式。这两种推销方式各有利弊，起着相互补充的作用。

此外，目录、通告、赠品、店标、陈列、示范、展销等也都属于促销策略范围。一个好的促销策略，往往能起到多方面的作用。例如，提供信息情况，及时引导采购；激发购买欲望，扩大产品需求；突出产品特点，建立产品形象；维持市场份额，巩固市场地位等。

通过以上分析可知，促销有以下几层含义：

(1) 促销的核心是沟通信息；

(2) 促销的目的是引发、刺激消费者产生购买行为；

(3) 促销的方式有人员促销和非人员促销两大类。

9.2　促 销 组 合

所谓促销组合，是一种组织促销活动的策略思路，主张企业运用广告促销、人员促销、公关宣传、营业推广等四种基本促销方式组合成一个策略系统，使企业的全部促销活动互相配合、协调一致，最大限度地发挥整体效果，从而顺利实现企业目标。四种基本促销方式组合成一个策略系统，使企业的全部促销活动互相配合、协调一致，最大限度地发挥整体效果，从而顺利实现企业目标。

1. 广告促销

广告促销指企业按照一定的预算方式，支付一定数额的费用，通过不同的媒体对产品进行广泛宣传，促进产品销售的传播活动。

(1) 公开展示性。广告是一种高度公开的信息沟通方式，使目标受众联想到标准化的产品，许多人接受相同的信息，所以购买者知道他们购买这一产品的动机是众所周知的。

(2) 普及性。广告突出"广而告之"的特点，也就是普及化、大众化。销售者可以多次反复向目标受众传达这一信息，购买者可以接受和比较同类信息。

(3) 艺术的表现力。广告可以借用各种形式、手段与技巧，提供将一个公司及其产品戏剧化的表现机会，增大其吸引力与说服力。

(4) 非人格化。广告是非人格化的沟通方式。广告的非人格化决定在沟通效果上，即不能使目标受众直接完成行为反应。这种沟通是单向的，受众无义务去注意和作出反应。

广告一方面适用于创立一个公司或产品的长期形象，另一方面，它能促进快速销售。从其成本费用看，广告就传达给处于地域广阔而又分散的广大消费者而言，每个显露点的成本相对较低，因此，是一种较为有效，并被广泛使用的沟通促销方式。

2. 人员促销

人员促销指企业派出推销人员或委托推销人员，直接与消费者接触，向目标顾客进行产品介绍、推广，促进销售的沟通活动。

人员促销的特点：

(1) 面对面沟通。营销人员以一种直接、生动、与客户相互影响的方式进行营销活动。营销员在与客户的直接沟通中，通过直觉和观察，可以探究消费者的动机和兴趣，从而调整沟通方式。

(2) 人际关系培养。营销人员与客户在交易关系的基础上，建立与发展其他各种人际沟通关系。人际关系的培养使营销员可以得到购买者更多的理解。

(3) 直接的行为反应。人员促销可以产生直接反应，即使客户听后觉得有义务做出某种反应。与人员促销的显著特性相关联的，是人员促销手段的高成本。人员促销是一种昂贵的促销工具。

3. 公关宣传

公关宣传指企业通过开展公共关系活动或通过第三方在各种传播媒体上宣传自身形象，促进与内部员工、外部公众良好关系的沟通活动。

公关宣传具有以下几个特点：

(1) 高度可信性。新闻故事和特写比起广告来，其可信性要高得多。

(2) 消除防卫。购买者对营销人员和广告或许会产生回避心理，而公关宣传是以一种隐避、含蓄、不直接触及商业利益的方式进行信息沟通，从而可以消除购买者的回避、防卫心理。

(3) 新闻价值。公关宣传具有新闻价值，可以引起社会的良好反应，甚至产生社会轰动效果，从而有利于提高公司的知名度，促进消费者产生有利于企业的购买行为。

企业运用公关宣传手段时也要开支一定的费用，但这与广告或其他促销工具相比较要低得多。公关宣传的独有性质决定了其在企业促销活动中的作用。如果将一个恰当的公关宣传活动同其他促销方式协调起来，可以取得极大的效果。

4. 营业推广(销售促进)

营业推广指企业为刺激消费者购买，由一系列具有短期诱导性的营业方法组成的沟通活动。营业推广活动具有以下几个特点：

(1) 迅速的吸引作用。销售促进可以迅速地引起消费者的注意，把消费者引向购买。

(2) 强烈的刺激作用。通过采用让步、诱导和赠送的办法带给消费者某些利益。

(3) 明显的邀请性。销售促进以一系列更具有短期诱导性的手段，显示出邀请顾客前来与其交易的倾向。

在公司促销活动中，运用销售促进方式可以产生更为强烈、迅速的反应，快速扭转销售下降的趋势。然而，它的影响常常是短期的，销售促进不适用于形成产品的长期品牌偏好。

表 9-1 所示是上述几种促销方式的比较。

表 9-1　几种促销方式的比较

促销方式	优　点	缺　点
广告促销	传播广、传播速度快、形象生动，可将信息艺术化以引起注意和加深印象	说服力较小，针对性差
人员促销	双向沟通信息、针对性强，可及时促成购买	人力需求大，费用高，宣传面窄
公关宣传	影响面广、信任程度高、容易得到顾客的信任，可提高企业的知名度、美誉度和信赖度	花费力量大，效果难以控制
营业推广	吸引力大、能激发购买欲望，可促使消费者马上采取购买行动	有局限性，有时会降低产品档次

9.3　促销决策的步骤

一般而言，促销决策由以下几个步骤组成：

(1) 确认促销对象。通过企业目标市场的研究与市场调研，界定其产品的销售对象是现实购买者还是潜在购买者，是消费者个人、家庭还是社会团体。明确了产品的销售对象，也就确认了促销的目标对象。

(2) 确定促销目标。不同时期和不同的市场环境下，企业开展的促销活动都有着特定的促销目标。短期促销目标宜采用广告促销和营业推广相结合的方式。长期促销目标时，公关促销具有决定性意义。需注意企业促销目标的选择必须服从企业营销的总体目标。

(3) 促销信息的设计。需重点研究信息内容的设计。研究企业促销要对目标对象所要表达的诉求是什么，并以此刺激其反应。诉求一般分为理性诉求、感性诉求和道德诉求等三种方式。

(4) 选择沟通渠道。传递促销信息的沟通渠道主要有人员沟通渠道与非人员沟通渠道。人员沟通渠道向目标购买者当面推荐，能得到反馈，可利用良好的"口碑"来扩大企业及产品的知名度与美誉度。非人员沟通渠道主要指大众媒体沟通。大众传播沟通与人员沟通的有机结合才能发挥更好的效果。

(5) 确定促销的具体组合。根据不同的情况，将人员促销、广告促销、营业推广和公关宣传等四种促销方式进行适当搭配，使其发挥整体的促销效果。应考虑的因素有产品的属性、价格、寿命周期、目标市场特点、"推"或"拉"策略。

(6) 确定促销预算。企业应从自己的经济实力和宣传期内受干扰程度大小的状况决定促销组合方式。如果企业的促销费用宽裕，则可同时使用几种促销方式；反之，则要考虑选择耗资较少的促销方式。

9.4　影响促销组合的主要因素

9.4.1　目标因素

根据企业自身经营目标的不同，促销策略自然也不同。在企业的主要目标是提高知名度和塑造良好形象时，促销策略应该以公关宣传和广告为主；而企业的主要目标是销售商品、创造利润时，则其促销策略应该综合考虑公关宣传、广告促销、人员促销和营业推广等四种方式，在节省投入和成本的前提下，结合企业和自身产品的实际情况采取有侧重的促销手段。

9.4.2　促销策略

根据促销手段的出发点与作用的不同，促销策略可分为两种：推式策略和拉式策略。

1. 推式策略

推式策略即以直接方式，运用人员推销手段，把产品推向销售渠道。其作用过程为：企业的推销员首先把产品或劳务推荐给批发商，再由批发商推荐给零售商，最后由零售商推荐给最终消费者。

推式策略适用于以下几种情况：

(1) 企业经营规模小，或无足够资金用以执行完善的广告计划。

(2) 市场较集中，分销渠道短，销售队伍大。

(3) 产品具有很高的单位价值，如特殊品、选购品等。

(4) 产品的使用、维修、保养方法需要进行示范。

图 9-1 为推式策略示意图。

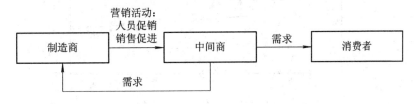

图 9-1　推式策略示意图

2. 拉式策略

拉式策略是采取间接方式，通过广告和公共宣传等措施吸引最终消费者，使消费者对企业的产品或劳务产生兴趣，从而引起需求，主动去购买商品，如图 9-2 所示。其作用路线为：企业首先将消费者引向零售商，再将零售商引向批发商，最后将批发商引向生产企业。

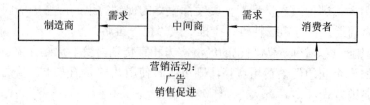

图 9-2　拉式策略示意图

拉式策略适用于以下几种情况：

(1) 市场广大，产品多属便利品。

(2) 商品信息必须以最快速度告知广大消费者。

(3) 对产品的初始需求已呈现出有利的趋势，市场需求日渐上升。

(4) 产品具有独特性能，与其他产品的区别显而易见。

(5) 能引起消费者某种特殊情感的产品。

(6) 有充分资金用于广告。

9.4.3　产品因素

影响促销组合的另外一个非常重要的因素就是产品因素，包括产品的类型、产品的生命周期和产品的价格等。

1. 产品的类型

不同的产品类型，采用的促销组合自然也不同。通常，生产资料应该以人员促销为主，配合公关宣传和营业推广，而广告用得比较少。消费品通常以广告促销为主，辅以公关宣传和营业推广，人员促销则相对较少。例如，我们很少看到华为公司为自己的产品做广告，其主要的原因就是华为主要面向电信运营商来销售电信设备，对于运营商而言，华为的通信设备属于生产资料，华为只要和运营商打交道就可以完成销售，因此很少用广告手段来促销。而中国移动、中国电信、中国联通，由于其产品和服务面向广大消费者，因此，国内三大运营商频繁在各类媒体中对自己的品牌——G3、天翼和沃进行宣传和促销。

图 9-3 是不同促销方式在不同产品销售中的作用。

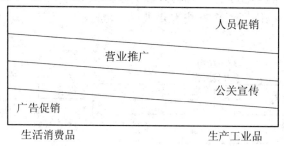

图 9-3　不同促销方式的作用

2. 产品的生命周期

由于不同的产品处于产品生命周期的不同阶段，因此，同样的促销会带来不同的效果。根据企业实际情况，必须针对不同的产品采取不同的产品促销组合，以取得最好的符合企业利益的促销效果。例如，中国联通为了占领更大的 3G 市场，目前在大力推广其 3G 品牌

"沃",目的就是为了吸引更多有价值的客户,而对于其 GSM 客户,则很少进行推广活动。这主要是因为 3G 产品目前还处在产品投入期,而 GSM 产品则属于产品衰退期。

表 9-2 是不同产品阶段的促销目标和促销组合分析。

表 9-2 产品生命周期的不同阶段的促销组合

产品的生命周期	促销目标	促销组合
投入期	建立产品知名度	各自介绍性广告、人员促销
成长期	提高产品知名度	改变广告形式(形象广告)
成熟期	增加产品美誉度	全方位促销
衰退期	维持信任和偏爱	销售促进为主
整个产品周期	消除顾客的不满意感	公共关系

3. 产品的价格

通常,高价商品由于使用风险大,客户相对较少,因此应该以公关宣传和人员促销为主。而低价商品以广告和营业推广为主。

9.4.4 市场因素

市场因素也是决定促销组合的重要因素,包括市场规模、购买者类型、消费者心理和行为以及竞争对手的促销攻势等几个方面。

1. 市场规模

对于规模比较小的市场,应该重点采用人员促销方式;对于规模大、范围广且分散的市场,则应该采用广告促销、公关宣传和销售促进的方式。

2. 购买者类型

对于个人和家庭消费者,应该采用广告促销、公关宣传为主,配合销售促进;对于组织用户和集团消费者,则以人员促销为主,配合公关宣传和广告促销;对中间商,应该以人员促销为主,配合销售促进。

3. 消费者心理和行为

选择促销组合时还要分析消费者处于购买决策的哪一个阶段。在不同的阶段,不同的促销手段会有完全不同的效果。在认知和知晓阶段,广告和公关的宣传效果远远好于人员促销和销售促进。在信任和购买阶段,广告的作用则没那么明显,人员销售的作用相对比较大。

表 9-3 是在消费者购买行为的不同阶段应该采取的促销组合次序。

表 9-3 不同购买阶段的促销组合

购买阶段	促销组合次序
知晓阶段	广告→销售促进→人员推销
认知阶段	广告→人员推销→公关关系
信任阶段	人员推销→广告
购买阶段	人员推销为主,销售促进为辅

4. 竞争对手和促销攻势

在面临竞争对手市场攻势的情况下，企业应该根据自身实际情况和产品情况决定自己的促销组合。中国移动在面临中国联通 3G 产品以及和 iPhone 绑定的促销攻势下，在其最重要的产品全球通的促销活动中，采用销售促进手段，大幅度降价，以求稳定高价值客户，为后期推出的 4G 产品做准备。

5. 投资因素

在开展促销活动时，经费和成本是必须考虑的重要因素。因此，企业的财力及其促销预算影响和制约促销组合的选择。应该尽量节省促销成本，实现最佳促销组合，达到最佳促销效果。

6. 管理因素

不同的促销方式和手段，其管理的复杂度也不同。一般而言，公关宣传和销售促进的管理更加复杂。如果企业管理水平不高，一般不要选择。而广告和人员促销相对来说管理比较简单，容易被企业选择并使用。

7. 时机因素

任何产品都会面临销售时机和非销售时机。把握正确的销售时机，开展促销组合，可以取得事半功倍的效果。在销售旺季、流行期、节日期等时机应该掀起促销高潮，一般以广告和销售促进为重点；而在平时，则应以公关宣传和人员促销为主。

在大学新生入校的时候，往往是电信运营商开展促销活动的最佳时期。在这个时期抓住客户，成本低，效果好，因此也是各个运营商促销活动竞争最激烈的时期。

此外，国庆节、五一节等假日也是各大商家开展活动最频繁的时期。

8. 渠道因素

如果企业以中间商为主来分销商品，则应该以广告和公关宣传为主，为中间商的销售创造良好的环境，再配合对中间商的销售促进，充分调动其积极性；如果企业以直销等非流通渠道的销售方式为主，则重点是公关宣传、人员促销和销售促进。

9.5　人　员　促　销

人员促销是指企业推销员直接与顾客接触、洽谈、宣传介绍商品和劳务以实现销售目的的活动过程。它是一种古老的、普遍的，但又是最基本的销售方式。企业与顾客之间的联系主要通过推销员这个桥梁。推销员、产品、顾客三者结合起来，才能成为统一的人员促销这一运动过程。

9.5.1　人员促销的目的

人员促销的目的主要有以下几点：

（1）了解顾客对本企业产品信息的接收情况以及市场需求情况，确定可成为产品购买者的顾客类型。了解目标市场和顾客对企业及其产品的反应及态度，准确选择和确定潜在顾客。

（2）收集、整理、分析信息，并尽可能消除潜在顾客对产品和推销员的疑虑，说服他们采取购买行动，成为产品真正的购买者。

(3) 促使潜在顾客成为现实购买者，维持和提高顾客对企业、产品及推销员的满意程度。因此，为了进行成功的重复推销，推销员必须努力维持和不断提高顾客对企业、产品及推销员本人的满意程度。

9.5.2　人员促销的类型

人员促销的类型有：

(1) 生产厂家的人员推销，即生产厂家雇佣推销员向中间商或其他厂家推销产品。日用消费品生产厂家的推销员往往将中间商作为他们的推销对象；而工业品生产厂家的推销员则以把他们的产品作为生产资料的其他生产厂家作为推销对象。

(2) 批发商。他们往往也雇佣成百上千名推销员在指定区域向零售商推销产品。零售商也常常依靠这些推销员来对商店的货物需求、货源、进货量和库存量等进行评估。

(3) 零售店人员推销。这类推销往往是顾客上门，而不是推销员拜访顾客。

(4) 直接针对消费者的人员推销。这类推销在零售推销中所占比重不大，是推销力量中的一个重要部分，有其特殊优点和作用。

(5) 对无形产品的推销，主要指对保险、银行、旅游、服务业等的人员推销，还包括对不动产如工商企业的不动产、房地产等的人员推销。对这类推销员的要求很高，他们要通晓法律等各方面知识，甚至需要通过必要的考试。

9.6　营　业　推　广

营业推广是一种适宜于短期推销的促销方法，是企业为鼓励购买、销售商品和劳务而采取的除广告、公关和人员推销之外的所有企业营销活动的总称。

9.6.1　营业推广的作用

营业推广主要有以下作用：

(1) 可以吸引消费者购买。这是营业推广的首要目的，尤其是在推出新产品或吸引新顾客方面，由于营业推广的刺激性比较强，较易吸引顾客的注意力，使顾客在了解产品的基础上采取购买行为，也可能使顾客追求某些方面的优惠而使用该产品。

(2) 可以奖励品牌忠实者。因为营业推广的很多手段，譬如销售奖励、赠券等通常都附带价格上的让步，其直接受惠者大多是经常使用本品牌产品的顾客，从而使他们更乐于购买和使用本企业产品，以巩固企业的市场占有率。

(3) 可以实现企业营销目标。这是企业的最终目的。营业推广实际上是企业让利于购买者，它可以使广告宣传的效果得到有力的增强，破坏消费者对其他企业产品的品牌忠实度，从而达到销售本企业产品的目的。

营业推广的不足之处在于：

(1) 影响面较小。它只是广告和人员销售的一种辅助的促销方式。

(2) 刺激强烈，但时效较短。它是企业为创造声势并获取快速反应的一种短暂促销方式。

(3) 顾客容易产生疑虑。过分渲染或长期频繁使用营业推广，容易使顾客对卖者产生疑虑，反而对产品或价格的真实性产生怀疑。

9.6.2　营业推广方式

1. 面向消费者的营业推广方式

(1) 赠送促销。向消费者赠送样品或试用品，这是介绍新产品最有效的方法，缺点是费用高。样品可以选择在商店或闹市区散发，或在其他产品中附送，也可以公开广告赠送，或入户派送。

(2) 折价券。在购买某种商品时，持券可以免付一定金额。折价券可以通过广告或直邮的方式发送。

(3) 包装促销。以较优惠的价格提供组合包装和搭配包装的产品。

(4) 抽奖促销。顾客购买一定的产品之后可获得抽奖券，凭券进行抽奖获得奖品或奖金，抽奖可以有各种形式。

(5) 现场演示。企业派促销员在销售现场演示本企业的产品，向消费者介绍产品的特点、用途和使用方法等。

(6) 联合推广。企业与零售商联合促销，将一些能显示企业优势和特征的产品在商场集中陈列，边展销边销售。

(7) 参与促销。通过消费者参与各种促销活动，如技能竞赛、知识比赛等活动，能获取企业的奖励。

(8) 会议促销。各类展销会、博览会、业务洽谈会期间的各种现场产品介绍、推广和销售活动。

2. 面向中间商的营业推广方式

(1) 批发回扣。企业为争取批发商或零售商多购进自己的产品，在某一时期内给经销本企业产品的批发商或零售商加大回扣比例。

(2) 推广津贴。企业为促使中间商购进企业产品并帮助企业推销产品，可以支付给中间商一定的推广津贴。

(3) 销售竞赛。根据各个中间商销售本企业产品的实绩，分别给优胜者以不同的奖励，如现金、实物、免费旅游、度假等，以起到激励的作用。

(4) 扶持零售商。生产商对零售商专柜的装潢予以资助，提供 POP 广告，以强化零售网络，促使销售额增加；可派遣厂方信息员或代培销售人员。生产商这样做的目的是提高中间商推销本企业产品的积极性和能力。

3. 对内部员工的营业推广方式

对内部员工的营业推广方式主要指针对企业内部的销售人员，鼓励他们热情推销产品或处理某些老产品，或促使他们积极开拓新市场。一般可采用方法有销售竞赛、免费提供人员培训、技术指导等。

9.6.3　营业推广设计

营业推广主要有以下几个步骤：

(1) 确定推广目标。营业推广目标的确定，就是要明确推广的对象是谁，要达到的目的是什么。只有知道推广的对象是谁，才能有针对性地制定具体的推广方案，例如，是为达到培育忠诚度的目的，还是鼓励大批量购买为目的。

(2) 选择推广工具。营业推广的方式方法很多，但如果使用不当，则适得其反。因此，选择合适的推广工具是取得营业推广效果的关键因素。企业一般要根据目标对象的接受习惯和产品特点、目标市场状况等来综合分析选择推广工具。

(3) 推广的配合安排。营业推广要与营销沟通的其他方式(如广告、人员销售等)整合起来，相互配合，共同使用，从而形成营业推广期间的更大声势，取得单项推广活动达不到的效果。

(4) 确定推广时机。选择营业推广的市场时机很重要，如季节性产品、节日、礼仪产品必须在季前和节前做营业推广，否则就会错过时机。

(5) 确定推广期限。推广期限即营业推广活动持续时间的长短。推广期限要恰当：期限过长，消费者新鲜感丧失，产生不信任感；期限过短，一些消费者还来不及享受营业推广的实惠。

中国移动深圳分公司 2011 年大运会期间促销活动

中国移动，为中国喝彩！迎大运，深圳移动优惠不断，惊喜不断！

活动一：无线玩大运——WLAN 无线上网全民免费。

活动二：大运掌上看——手机电视直播，免费乐看大运，购 CMMB 手机送超值话费。

活动三：动感地带、神州行网上充值双重大优惠，最高可享受充值 50/100/300/500 送31/63/190/300 元话费。

活动四：首次办理 GPRS 的 20 元套餐，获 10 元话费。

案例分析：

1. 请说明上述活动采用的是哪一种促销手段？并详细说明四个促销活动的促销目标。

2. 通过上述活动，可以看出当前运营商营销的重点是什么业务？数据业务还是语音业务？

中国联通购机优惠

活动内容：999 元抢购中兴 V880 补贴 50% 话费，额外赠 600M 流量包。

地区：广东

开始时间：2011-07-01

结束时间：2011-09-30

现在登录联通商城(shop.10010.com)购买中兴 V880，除了可以享受 999 元预存话费则送手机补贴的 50% 的话费之外，还可以额外获得 600 MB 流量包套餐，满足您更多的 3G 上网需求。600 MB 流量包分 3 个月到账，每月 200 MB，入网次月起送，限本省使用，流量不跨月使用。

中兴 V880 是一款性价比很高的安卓智能机。该机的做工和配置丝毫不输于现在市场上的热销品牌。中兴 V880 采用了 3.5 寸高分电容屏，MSM7227 600 MHz 的 CPU，带有 3D 加速，搭配 512 MB RAM + 512 MB ROM 和 Android 2.2 系统，屏幕分辨率高达 480×800，随时呈现惊艳、炫美的至臻画面。高抗反射能力，强光下屏幕画面依然清晰可鉴。12 mm 的超薄机身设计，酷炫十足，符合人手持握的人性化设计，更带来十分舒适的使用体验。

内置高通 MSM7227 芯片，主频 600 M(最高可超频到 800 M)，内存 512 M ROM + 256 M RAM，内部集成独立 3D 加速芯片，全面支持 3D 硬件加速，配置强劲高通 Adreno 200 的 GPU，搭配 Android 2.2 系统可实现最高 5 倍速度提升，即使像极品飞车 13 这类的大型游戏也能轻松应付。

V880 全面支持 Tethering 和 WiFi 热点功能。Tethering 可以让手机变成一个 3G MODEM，不用安装任何软件就可支持 8 个带 WiFi 的终端同时上网，下载速度最高可达 7.2 MB/s。

全新升级安卓操作系统，兼容更多软件，10 万多个软件随心下载，支持 PC 端直接访问 Android Market 的功能，为您节省了大量流量费用。

中兴 V880 采用了一枚 320 万像素的摄像头，算是入门级别的了。虽然像素方面与主流的 500 万有点差距，但是对于手机拍照来说影响并不大。比较厚道的是，中兴 V880 的摄像头支持自动对焦功能，这也是 V880 设计较为人性化的地方。

案例分析：

1. 请分析本次促销的主要目的和促销的产品。

2. 分析促销产品所处的产品生命周期。

2009 年度中国十大公关事件

2009 年度中国十大公关事件评选，由《国际公关》杂志通过网上专题搜索提名，依据评审章程产生 20 个年度候选事件，在中国公关网上设评选专题进行公众投票，最后，评审委员会对公众投票结果予以确认，产生年度十大公共关系事件。

经过业内提名、公众投票和专业评审，甲型 H1N1 公众危机事件(政府危机管理)、60 周年国庆阅兵活动(国家公关)、创业板开市(财经公关)、家电下乡推广(行业公关)、大学生冬季征兵(军事公关)、新医改方案出台(政府公关)、《建国大业》影片推广(文化推广)、央视"变脸"(媒体公关)、重庆政府打黑案(城市形象)、Windows 7 操作系统上市发布(新产品上市)等十大事件入选"年度十大公关事件"。

中国电信品牌及公关活动专员招聘信息

职位描述/要求：

1. 协助部门负责人进行品牌形象、品牌树立、市场推广等相关活动的创意策划、文案撰写。

2. 为树立天翼空间良好品牌形象，提升天翼空间品牌知名度、美誉度，进行富有创造性和计划性的品牌管理工作及公关工作。

3. 根据阶段性目标，制定品牌策略及相应传播计划、策划公关活动，并高效执行。

4. 与相关行业、政府机构、社会团体建立联系，拓展有影响力的社会活动机会，保证天翼空间的行业影响力。

5. 负责企业品牌形象的规划与传播。

案例分析：请列举自己体验和了解的电信运营商或者其他知名通信企业开展的公关活动。

2010 年中国主要公关公司及其简介

1. 汉马传播

汉马传播公关公司获得 2010 年度中国营销策划最高奖项。它成立于 2004 年，是一家中央顶级媒体关系顾问公司，为许多跨国与国内知名企业提供优秀的广告和整合行销解决方案，业务范围涵盖公关咨询、媒体公关传播、新闻发布、会议庆典、巡展类活动(全国)、新品上市推广、市场调研等，凝聚了近百名专业营销公关人员组成的精英团队。

2. 奥美公关

1980 年成立于美国纽约的奥美公关是世界十大专业公关公司之一，它和奥美广告等姊妹公司分享同一企业品牌。1995 年开始在中国大陆设立分公司，目前已成为国内最大的国际公关企业。

正是因为奥美公关国际经验的优势，国外品牌抢滩中国时，很多都选择了奥美公关作为自己的公关代理，比如 BMW、IBM、诺基亚、辉瑞、亚信等世界著名企业都是奥美公关在中国的长期服务客户。1999 年，《财富》杂志在中国上海举行"99 财富论坛"，奥美公关公司协助论坛的新闻媒体宣传工作，并负责管理大会的新闻中心，协调对数十名著名企业 CEO 的采访安排，显示出奥美公关作为国际性公司在国际资源方面的优势。

3. 蓝色光标

蓝色光标公关顾问机构于 1996 年创立，已经发展成为中国本土规模最大的专业公关代理公司之一，在上海、广州、成都、西安等地设有分支机构。"蓝标"从运作 IT 客户起家，现在，它的客户已经覆盖 IT、电信、金融、汽车、家电、快速消费品等商业企业及政府机构和院校、媒体、协会、基金会等非政府组织。其成功运作的案例有 2001 年北京申奥政府公关、新联想的企业形象推广等，在微软的产品发布、迪士尼中文网站开通等公关活动的背后也闪现着蓝色光标的身影。

4. 伟达公关

伟达公关是第一家在中国开设分公司的国际公关公司，2011 年将是它进入中国的 20 周年。在中国商业演变过程中，伟达有很多开创先例的公关活动，如 1984 年 IBM 在天安门广场举办的第一家办事处的开幕典礼，1990 年中国第一家麦当劳餐厅在深圳开张剪彩等，都是由伟达公关来执行的。

目前，伟达公关已在北京和上海分别建立了两个分公司，提供从宣传活动设计到政府关系和危机管理的全方位服务。其客户包括中国石油、高盛银行、宝洁公司、摩托罗拉公司和惠普公司。

5. 宣亚智杰

2004 年 1 月 1 日起，宣亚智杰公关顾问公司(PFT)开始启用新名称——博诚智杰公关咨询有限公司，启动了全新品牌，建立了上海、广州、成都等分支机构。博诚智杰还编辑出版了一本公关行业杂志——《传播》月刊。摩托罗拉、爱普生、惠普、中国联通、新浪等国内外知名企业都是其服务客户。2011 年 5 月，爱立信(中国)有限公司也与博诚智杰开始了全面公关合作。博诚智杰的代表案例包括：紧急启动化解危机——多美滋奶粉危机公关，魅·力·科技——一汽轿车 MAZDA6 市场推广，谁颠覆了你的心？——摩托罗拉 V70 手机新品发布等。

习 题 九

1．什么是促销策略？促销的主要目的是什么？
2．促销手段主要有哪几种？分别用在什么场合？
3．什么是推式策略？什么是拉式策略？分别用在什么场合？
4．请说明产品生命周期和促销组合之间的联系。

第十章　电信产业链概述

本章主要内容：
【1】电信产业链的组成；
【2】中国通信运营商的变革。

本章学时：4 学时

电信产业链是一个以信息商品为对象的价值增值链，换句话说，它是一个信息增值链。"信息"始终是电信服务最主要的工作对象，链上的各个增值主体通过对信息的不断加工，如收集、整理、分类、储存、传输、交换等工作，提供用户信息产品，实现信息的价值增值。一个企业的部门、一个企业、一个行业和一个区域不是孤立存在于经济活动中的，尤其是在产业分工协作非常彻底、经济全球化扩展的今天，产业链为电信企业提供了一种系统的思维方式和研究视角，提醒企业重视产业之间的联系、企业之间的联系，并能够善加利用。

10.1　2G 产业链

在 2G 时代，用户的通信消费集中于话音通信，故运营商主要提供语音业务，增值业务和数据业务仅仅是短信、彩铃等。因此，在信息的传递过程中，运营商只需保证信息传递的安全性和及时性，缺乏为用户增加新价值的积极性。业务的单一性，也决定了 2G 的传统产业链非常简单：网络设备制造商和终端制造商为运营商提供网络设备，运营商集网络和业务为一体，对网络进行建设、管理和维护，向用户提供端到端的服务，用户通过付费享受这些服务。可以说，网络设备制造商、电信运营商、终端制造商和用户即构成了传统电信业价值链(参见图 10-1)。

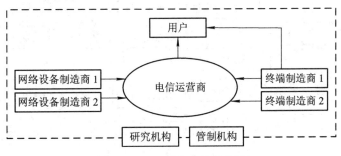

图 10-1　2G 时代电信产业链

从产业链特点看，产业链是封闭、单一的，包含的市场主体少，链接简单。运营商由于拥有电信基础骨干网和接入网，拥有国家基础通信资源，是电信业整个价值体系的核心部分。因而它在产业链中处于主导地位，控制着整个产业链条，其他参与者居于从属地位。相应地，运营商主导着产业链的价值分配话语权。

10.2　3G 产业链

3G 与 2G、2.5G 的根本区别在于它可以提供速度较高、内容丰富多彩的移动数据业务，同时也将面临更多的应用及相关的内容提供、应用开发和服务提供问题，这就形成了运营商与多个环节在更广泛区域内的联系，一条新的产业链在多维互动中形成。由于不同专家的表述方法不同，因此在 3G 产业链的构成上，对于构成环节的数量和对应的职能描述不尽相同。

在 3G 产业链中，除了电信运营商、终端制造商、网络设备制造商等原有重要环节外，服务提供商、内容提供商、系统集成服务商等原产业链中相对薄弱环节的作用将得到加强，同时终端软件提供商、测试厂商、芯片厂商等新出现环节在价值链中也将发挥作用。整条产业链呈现两个明显特点：纵向不断延伸链条，产业链不断拉长、细分和开放，加入一些新的市场主体和价值创造者；横向不断深化分工和扩展协作伙伴，稳固和提升每一个环节的价值形成能力。不再对应单一的价值链，而逐渐催生出更加相互依赖、紧密协作的价值网络。每一个参与分工协作的电信企业都成为价值网络中的一个"节点"。

在产业链中，各环节承担着一种或多种角色，同时在不同的发展阶段，产业链主体的重要性也会产生差异。在 3G 的准备期，网络设备制造商的重要性最大，设备提供能力决定产业链是否能正常启动；在 3G 启动阶段，电信运营商的作用最重要，起着"支配性"作用，产业链中大部分价值主体的资金流入来源于电信运营商；在 3G 的成熟运营阶段，内容与应用提供商及终端制造商有望发挥更大的作用。

3G 产业链主要包括如下环节：电信运营商、网络设备制造、终端制造商、系统集成服务商、光纤光缆制造商、内容/服务提供商、芯片厂商、测试厂商、终端软件提供商、管制机构、研究机构与用户等，如图 10-2 所示。

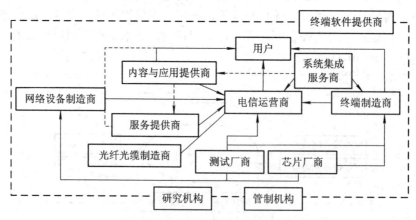

图 10-2　3G 时代电信产业链结构

1. 电信运营商

电信运营商在整个产业链中居于中央位置，结合选择的 3G 标准建设网络，负责 3G 通信系统的运营，为用户提供先进的 3G 通信业务，同时也是网络设备制造商、终端制造商、SP/CP 提供商的大客户。目前我国经过电信重组及 3G 牌照发放，电信运营商主要有中国移动、中国联通和中国电信。它们将在提供网络产品和服务方面展开全方位竞争，而呈现的垄断竞争局面一定程度上就是其所属产业链的竞争。

2. 网络设备制造商

网络设备制造商主要指为运营商提供网络设备，并为运营商建设 3G 通信网络的厂商，同时也为运营商和应用服务提供商提供运营支持系统和运营平台，充当着电信技术进步的"动力器"，它推动网络技术进步并适度超前地影响着市场需求与选择。目前我国 3G 市场提供设备的供应商有 Ericsson、NOKIA、Alcatel、MOTOROLA、SIMENS、Lucent、华为、中兴等，其中中国厂商以及其与国外厂商的合资企业预计会有大的作为，比如华为、中兴与鼎桥。

3. 终端制造商

终端制造商是连接用户的最后环节，主要指 3G 手持设备制造商，为用户或者运营商提供 3G 终端。其提供的移动终端是集通信、娱乐、记事、支付、个人 ID 等于一身的多功能模块，支持丰富的 3G 多媒体业务。由于 3G 产业链的变化，终端提供商不但需要提供各种标准的 3G 手机，而且需要结合运营商的业务设计专门的终端。3G 终端制造厂商方面，国外厂商预计主要有 NOKIA、MOTOROLA、Sony Ericsson、LG、SAMSUNG、SHARP、SANYO，国内厂商从目前投入上看好的有华为、中兴、夏新、波导、联想与 TCL。

4. 系统集成服务商

系统集成服务商主要是指为运营商或者 SP/CP 厂商提供软件解决方案的服务商。它们主要通过提供软件平台和服务方案来维持整个价值链的保障体系。比如给运营商或者 SP/CP 提供增值服务平台、计费系统、某个具体业务的软件解决方案等。3G 产业链中，大型的系统集成服务商有 CISCO、IBM、MOTOROLA、SAP、Accenture、亚信、华为、中兴等，同时也有为数众多的小的系统集成服务商，它们凭着自身灵活、方便、易于定制、要价低等优势瞄准特定市场并进而占据市场。

5. 光纤光缆制造商

光纤光缆制造商主要为运营商提供高带宽的传输通道。随着人们对信息传输和交换的需求与日俱增，电信运营商传输设备在不断进行扩容升级并对光网络拓扑进行扩张，宽带业务也在向智能家庭延伸，这些都只有依靠作为光信号传输媒质的光纤光缆及其产业的稳健发展才能够得以实现。三网融合后，光纤光缆无疑将成为全国信息的神经中枢，光纤光缆产业已经成为基础战略产业。目前我国大型的光纤光缆生产集团主要有长飞、烽火、亨通、富通、中天、通鼎等。

6. SP/CP

内容提供商(CP)是一些拥有丰富的专业基础信息的机构和人，如媒体、唱片公司等，其利用业务的专业化分工和集成做专做强，提供丰富多彩的内容以拉动用户需求；而服务供应商(SP)以专业化、个性化定制服务进行改造开发和系统集成工程实施,为用户提供高效便捷的全面解决方案或服务。二者联合对信息进行整理开发,把那些用户需求的信息服务以专业的移动数据业务形式提供给他们。国内目前较为大型的 SP/CP 提供商有搜狐、新浪、TOM、空中网、华友世纪、腾讯、掌上灵通等。值得关注的是,众多 SP 都或多或少涉足 CP 产业,但较为典型的 CP 还包括一部分专业内容制作商,比如专门的电影发行商、唱片公司等。

7. 芯片厂商

3G 芯片厂商在产业链中主要服务于网络设备提供商和终端制造商,通过授权专利以及出售核心芯片获得巨大收益。它们与设备提供商以及终端制造商甚至相互之间都存在较为复杂的专利许可、转让以及知识产权谈判等。在 3G 终端芯片提供方面,预计会有两个发展方向:一方面提供基于基本功能、向低成本发展的芯片设计;另一方面在基于可接受成本的前提下,提供功能强大、业务完善、面对中高端消费群体的设计。主要芯片厂商有美国的 QUALCOMM、TI、ADI,日本的 Renesas、NEC 电子,德国的 Infineon 等。由于 TD-SCDMA 标准的存在,作为主要研发者之一的大唐电信有在 3G 产业链中成为重要芯片厂商的可能。

8. 测试厂商

测试厂商是一个较为笼统的概念,通常把为网络运营商提供测试服务或者测试设备的厂商,以及为行业准入提供终端检测的机构都涵盖在内(如泰尔实验室)。在 3G 网络设备推出市场以及推出之后都少不了测试,测试结果直接左右着运营商对网络、设备的选择与下一步规划。在 3G 测试厂商中,预计国外测试厂商仍然占据较大市场份额,主要有美国的 Agilent、Spirentcom、Tektronix,日本的 Anritsu,德国的 R&S、Willtek 等公司。国内的北京中创信测科技股份有限公司等可能占据一定份额,尤其在 TD-SCDMA 测试方面。

9. 终端软件提供商

移动终端上需要的软件分类很多,主要包括移动视频、手机操作系统及平台软件、手机备份、手机输入法、手机开发工具、手机游戏软件、PIM/通信软件、支付/交易软件、娱乐类软件、位置应用软件、工具类软件和其他手机软件等。其中的操作系统技术方面,微软的 Windows Mobile、爱立信和诺基亚等支持的 Symbian、Palm 等会成为 3G 时代的主流,其他应用软件则呈现百花齐放局面,视终端厂商的具体选择而定。同类间的竞争会加剧,但同时这也是众多中小软件企业的良机。预计终端应用软件商在价值链中的地位将随着无线通信市场的发展而日益上升,会成为新的"掘金点"。

10. 管制机构

价值链中的管制机构可以分成两类:一类是通信标准系统的管制机构,主要是指国际电信联盟、3GPP、3GPP2 等,这些组织协调着通信产业标准发展情况的监督和管制,并且统一国际 3G 频段划分和全球漫游服务的条款制定工作,是通信产业发展的基础;另一类是我国的以信息产业部为代表的通信管制机构,在推动我国 3G 产业发展的过程中起到监督引导的作用。作为监管者,其在价值链中的作用是为各环节之间、环节内部企业之间的公平竞争搭建平台，是市场秩序的维护者和产业发展的宏观引导者。但考虑到国家对于 TD-SCDMA 的扶持，作为政府代表，它也有进入链中起到"推手"作用的可能性。相关机构如国资委、发改委、科技部、中华人民共和国工业和信息化部无线电管理局、中华人民共和国工业和信息化部等。

11. 用户

3G 产业的发展离不开用户，没有用户就没有利润，价值链也就失去了存在的意义。产业链中的价值投入受最终用户需求的价值总量约束，这也决定着价值投入在多大程度上能够得到实现。某种意义上，用户才是 3G 产业链真正的核心。3G 用户可以分成个人用户、专业用户和企业用户。对于运营商而言，最大的市场就是普通个人用户，这也是用户的主体。所有大众化的服务都是以个人用户为中心展开的。专业用户主要是指一些特殊需要的用户，如需要股票信息的用户，或者需要一些行业信息的用户等。企业用户主要是一些银行、物流公司、石油公司、铁路运输部门等，它们规模较大，对信息通信有强烈需求，而且要求也比较高。

由于产业链不断延伸和网络化，导致其结构也日趋复杂化，2G 时代简单的单向价值链结构向复杂的 3G 时代演进，甚至有人把 3G 时代复杂的价值链称为价值系统或价值网。产业链日益呈现出开放性，且在随着其他一些产业(包括银行、学校、政府部门等)的加入而形成异业联盟的同时，产业链的动态开放扩大了面向领域，电信市场参与者日益复杂且壮大。但是由于参与者数量的不断增多，使得电信产业链的各个环节不再保持一种相对封闭和长期稳定的关系，而有了更大的变动性，因此产业链缺乏稳定性，呈动态开放状态。

10.3　中国电信运营商变革

建国以来，中国电信业经历了快速的发展，从建国初期的一无所有到拥有全球最大的移动通信市场。据 2010 年的统计数据，2010 年全年全国电话用户净增 9244 万户，总数达到 115 339 万户。其中，移动电话用户 85 900 万户，3G 用户净增 3473 万户，累计达到 4705 万户，移动电话普及率达到 64.4 部/百人。移动通信蓬勃发展，进一步奠定了中国作为全球最大移动电话用户国家的地位。中国通信市场在移动通信设备、移动通信终端、移动通信业务、光通信、支撑系统等多方面获得了巨大发展，在技术突破、市场开发、业务拓展等多领域成为全球通信市场发展的亮点。

1. 邮电部成立

(1) 1949 年 11 月 1 日，中央人民政府邮电部成立，朱学范为第一任邮电部部长。从此，新中国也有了统一管理全国邮政和电信事业的国家机构。

(2) 1969 年 6 月，邮电部被撤销，分别成立邮政总局和电信总局，大力发展了微波、电缆通信工程。

(3) 1973 年 6 月，邮电部恢复，为邮电通信在 20 世纪 80 年代以后的飞速发展提供了组织保障。

2. 中国联通成立

1994 年，为了效仿英国双寡头竞争的局面，当时的电子部联合铁道部、电力部以及广电部成立了中国联通，但主要还是经营寻呼业务。

3. 邮电分家

1998 年邮电部被拆分为邮政局和信息产业部。同时，电信业政企分开，信息产业部负责电信行业监管。电信业的政企分开为随后一系列的电信产业改革奠定了最基本的体制基础。1998 年之前，中国电信改革开始了初步的尝试，其阶段性目标是实现政企分开，即政府开始放松价格管制，对邮电业实行中央和地方双重领导，允许邮电部门征收电话初装费等措施揭开了电信改革的第一页。

4. 中国移动成立

(1) 1999 年 2 月 14 日，国务院批准中国电信改革方案。根据该方案的要求，信息产业部决定组建中国移动通信集团公司。

(2) 1999 年 4 月，信息产业部下达《关于组建中国移动通信集团公司指导意见的通知》。

(3) 1999 年 6 月，中国移动通信集团公司筹备组成立。

(4) 1999 年 7 月，基本完成原中国电信固定电话业务与移动业务的分离工作，筹建中国移动集团。中国移动通信集团公司是在原中国电信移动通信资产总体剥离的基础上组建的国有重要骨干企业。

(5) 2000 年 4 月 20 日中国移动通信集团公司成立，由中央直接管理。这是继 1999 年信息产业部政企分开、全国邮电分营、无线寻呼剥离并划归中国联通之后，全国电信部门的又一重大改革举措。

5. 中国铁通成立

2000 年 12 月 26 日，铁道通信信息有限责任公司成立。铁通一成立，第一招就是宣布电话的初装费为 600 元。中国电信迅速做出反应，宣布取消初装费。

6. 中国卫通成立

2001 年 12 月 19 日，中国卫星通信集团公司正式挂牌成立，重点发展卫星通信广播电视和数字集群应急指挥调度通信两大主营业务。

7. TD-SCDMA 成为国际标准

2000 年 5 月 5 日，国际电信联盟正式公布第三代移动通信标准，中国提交的 TD-SCDMA 正式成为国际标准，与欧洲 WCDMA、美国 CDMA2000 一起成为 3G 时代最主流的三大技术之一。

8. 中国电信南北拆分

(1) 2001 年 11 月，国务院批准《电信体制改革方案》，对固定电信企业进行重组整合，决定组建新的中国电信集团公司和中国网络通信集团公司，并要求进一步加强电信监管工作。

(2) 2002 年 5 月 16 日，原信息产业部部长吴基传正式宣布中国电信集团公司和中国网络通信集团公司挂牌成立。电信南方 21 省仍叫中国电信(上海、江苏、安徽、江西、四川、重庆、浙江、广东、广西、湖南、湖北、福建、贵州、云南、西藏、海南、陕西、甘肃、青海、宁夏、新疆)，原北方 10 省电信公司(辽宁、吉林、黑龙江、北京、河北、天津、山东、内蒙、河南、山西)、网通公司以及吉通公司合并成立中国网通。

图 10-3 所示为电信运营商变革重组示意图。

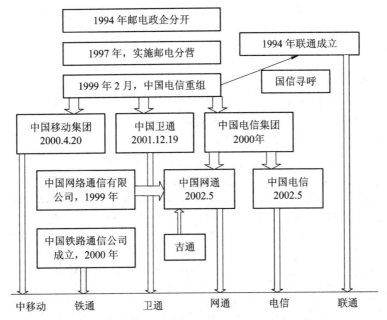

图 10-3 电信运营商变革重组示意图(2002 年)

9. 3G 频率规划

2002 年 10 月，中国发布了 3G 频率规划，三种标准均获得频率资源，TD-SCDMA 产业联盟成立。

10. 电信重组"六合三"

(1) 2008 年 5 月 24 日，中国发布《关于深化电信体制改革的通告》，鼓励中国电信收购中国联通 CDMA 网(包括资产和用户)，中国联通与中国网通合并，中国卫通的基础电信业务并入中国电信，中国铁通并入中国移动，国内电信运营商由 6 家变为 3 家。

(2) 2008 年 6 月 2 日，中国联通向中国网通提出以协议安排方式对两家公司实施合并。同时，中国电信将以总价 1100 亿元收购联通 CDMA 网络。

(3) 2008 年 7 月 29 日，中国电信集团宣布未来三年投资 800 亿元发展 CDMA 业务，并提出在三年内把 CDMA 用户数由目前的约 4300 万增至 1 亿，届时在中国移动通信市场的占有率将达 15%。

(4) 2008 年 8 月 18 日，工信部发布《关于同意中国移动通信集团公司开展试商用工作的批复》，同意中国移动在全国建立 TD 网络并开展试商用。

(5) 2008 年 10 月 1 日，中国电信开始与中国联通进行 C 网交割，并于 60 天内完成。

(6) 2008 年 10 月 15 日，中国联通与中国网通两公司的红筹公司已宣布正式合并，新联通公司正式成立，并公布了新的公司标识。

(7) 2008 年 12 月 22 日，中国电信发布移动业务品牌"天翼"，189 号段在部分省市投入试商用，全面转型为全业务运营商。

(8) 2008 年 12 月 31 日, 国务院常务会议通过决议, 同意启动 3G 牌照发放工作。工业和信息化部决定按照国务院的部署和要求, 依照法定程序和企业申请的程序, 稳妥做好 TD-SCDMA 和 WCDMA、CDMA2000 等三张牌照的发放工作。

(9) 2009 年 1 月 6 日, 中国联通宣布与中国网通的合并全面完成。原中国联通和原中国网通正式合并, 至此联通和网通在集团层面完成合并, 电信重组进入尾声, 也为发放 3G 牌照奠定了基础。

11. 发放 3G 牌照

2009 年 1 月 7 日, 国家工业和信息化部发放 3G 牌照, 其中国移动获得 TD-SCDMA 牌照, 中国联通和中国电信分别获得 WCDMA 和 CDMA2000 牌照, 标志中国将正式进入 3G 时代, 中国电信业三足鼎立格局正式形成。

表 10-1 所示为 3G 牌照发放后中国电信运营商概况。

表 10-1 3G 牌照发放后中国电信运营商概况

	组成	高管	业务	用户规模	面临问题
新移动	中国移动 + 中国铁通 + TD-SCDMA	王建宙, 张春江, 赵吉斌等	TD-SCDMA 网络, 固网	新移动: 3.9214 亿(截止到 2008 年 3 月 31 日的 GSM 用户数) 固话及宽带: 原铁通数百万用户	人员整合, 充分利用固网资源, 社会责任与商业利益并重
新电信	中国电信+ CDMA 网络 + CDMA2000	王晓初, 尚冰等	CDMA 网络, 固网	新电信移动: 4309.8 万(截止到 2008 年 4 月的 CDMA 用户数) 固话: 2.1717 亿(截止到 2008 年 3 月 31 日的本地电话用户数) 宽带: 3771 万(截止到 2008 年 3 月 31 日的宽带用户数)	(1) 收购 C 网所带来的资金压力; (2) 人事变动可能导致的员工变化
新联通	中国联通 (CDMA 网)+ 中国网通+ WCDMA	常小兵, 左迅生等	WCDMA 网络, 固网	新联通移动: 1.254 34 亿(截止到 2008 年 4 月的 GSM 用户数) 固话: 1.091 01 亿, 其中无线市话 2543.2 万(截止到 2008 年 3 月 31 日的用户数) 宽带: 2165.6 万(截止到 2008 年 3 月 31 日的用户数)	(1) 不同企业文化及管理体制的融合; (2) 固网向移动业务的过渡及捆绑营销

案例一

三部委正式公布电信改革方案——将发 3 张 3G 牌照

2008 年 5 月 24 日，工业和信息化部、国家发展和改革委员会、财政部联合发布《关于深化电信体制改革的通告》，就电信体制改革及电信重组做出具体解读。这是政府部门对酝酿已久的电信重组做出的正式说明。该通告显示，电信重组将采用"六合三"方案。此外，在电信改革重组完成后，国家还将发放 3 张 3G 牌照。

该通告的核心要点为：

1. 目标：发放三张 3G 牌照，支持形成三家拥有全国性网络资源、实力与规模相对接近、具有全业务经营能力和较强竞争力的市场竞争主体，电信资源配置进一步优化，竞争架构得到完善。

2. 方案：基于电信行业现状，为实现上述改革目标，鼓励中国电信收购中国联通 CDMA 网(包括资产和用户)，中国联通与中国网通合并，中国卫通的基础电信业务并入中国电信，中国铁通并入中国移动。

在三部委正式宣布这一通告之前，外界认为，国家电信重组的方案为"六合三"，即中国铁通并入中国移动，成立新移动；中国网通与中国联通成立新联通；中国电信收购中国联通 CDMA 网，成立新电信。

资料来源：工业和信息化部网站

 案例二

中国通信市场现状与特点

2011 年 4 月 19 日，由赛迪顾问股份有限公司主办的以"推进多网络融合，构建信息化社会"为主题的"2011 中国通信市场年会"在北京唐拉雅秀酒店隆重召开。本届年会上，赛迪顾问通过对 2010 年中国通信市场的深入研究，对中国通信产业的深刻分析，发表了《2010 年—2011 年中国通信市场发展回顾与展望》主旨演讲。

2010 年，中国通信产业进入网络"融合"的时代。3G 网络的发展和完善不但加快了终端技术提升、价格变化的过程，而且使得 3G 业务与终端产品的融合成为通信市场发展新的增长点。随着 3G 通信的完善和互联网的不断发展，移动互联网产业发展也逐步进入快车道。与此同时，在三网融合相关政策基础的支撑下，IPTV、数字电视等业务规模迅速扩大、新的业务模式不断涌现。国家对物联网产业的发展继续保持高度重视，将其纳入战略性新兴产业范畴，多个地方的省市政府也纷纷将物联网产业纳入"十二五规划"发展的重点，从而使得感知城市、智能电网、智能医疗、智能家居等示范工程也随之崛起，物联网的行业应用范围不断拓展。

2010 年，全国电话用户净增 9244 万户，总数达到 115 339 万户。其中，移动电话用户 85 900 万户，3G 用户净增 3473 万户，累计达到 4705 万户。移动电话普及率达到 64.4 部/百人，比 2009 年提高 8.1 个百分点。移动通信蓬勃发展，进一步奠定了中国作为全球最大移动电话用户国家的地位。中国通信市场在移动通信设备、移动通信终端、移动通信业务、光通信、支撑系统等多方面获得了巨大发展，在技术突破、市场开发、业务拓展等多领域成为全球通信市场发展的亮点。

1. 移动设备市场：3G 宏网建设趋于完善，TD 设备微增

在中国 2G 通信设备市场，2010 年 GSM 设备收入仍然占据主流，电信运营商投入平稳，主要以替换扩容为主；在 3G 通信设备市场，三大电信运营商把主要精力投入在 3G 网络的广度覆盖上，新建基站数量减少，移动通信设备的市场规模下降。中移动 TD-SCDMA 设备占 3G 总市场的 46%，WCDMA 和 CDMA 分别占 36% 和 18%。

2. 移动终端市场：市场快速复苏，3G 终端加速发展

受全球经济复苏、3G 市场加速发展的影响，2010 年中国移动通信终端市场快速复苏，全年手机销量达到 19 523.2 万部，比 2009 增长 21.1%(参见图 10-4)。作为 3G 时代的重要终端设备，3G 手机市场进入加速发展期，提升产业链综合竞争力成为市场竞争重点。在全部手机产品中，智能化、3G 终端市场比例逐步走高，产品性价比不断提升。应用业务不断提升终端产品附加值，多元化融合逐步成为智能终端的发展主流。

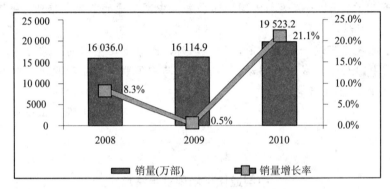

图 10-4　2008 年—2010 年中国手机市场销量

3. 光通信市场："光进铜退"和 FTTx 投资带动市场加速增长

在庞大的用户需求、业务需求和激烈的市场竞争三个层面的驱动下，2010 年中国光通信市场规模达到 519.8 亿元，比 2009 年增长 70.0%(参见图 10-5)。技术革新成为设备市场的竞争关键。更全面的性能、更高的性价比成为电信运营商采购的关注点。在国家三网融合的大背景下，电信采购居高不下，广电系统对光通信设备的采购初露峥嵘，大范围的广电数字化改造部署双向化 PON + EOC 网络成为建设重点。

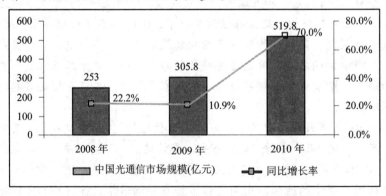

图 10-5　2008 年—2010 年中国光通信市场规模与增长

4. 电信运营支撑系统市场：网络建设与业务需求推动市场增长

2010 年，中国电信运营支撑系统市场规模达到 101.6 亿元(参见图 10-6)，各运营商更为重视支撑系统投资，以应对中国 3G 市场的激烈竞争。为适应多种业务需求，各运营商的支撑系统从广度和深度上不断完善。支撑系统产品结构不断细分，面向客户服务和市场营销的业务支撑系统 BSS 超过整体收入结构一半以上。

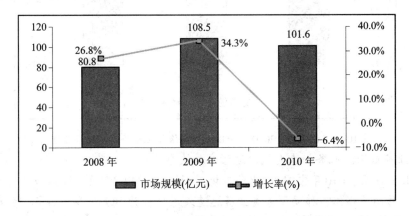

图 10-6　2008 年—2010 年中国电信运营支撑系统市场规模与增长

5. 光纤光缆市场：中国产能占全球近半，3G 刺激因素消退

在中国光纤光缆市场，随着产能迅速扩大，2010 年中国光纤产业的产能(9000 多万芯公里，参见图 10-7)几乎接近全球光纤产能的一半(2 亿芯公里)。3G 网络建设趋于平缓，刺激因素逐渐消退，三网融合中的 FTTx 成为需求增长的主因。物联网、三网融合因素使得行业市场对光纤光缆产品的需求迅速增加，占比不断加大。

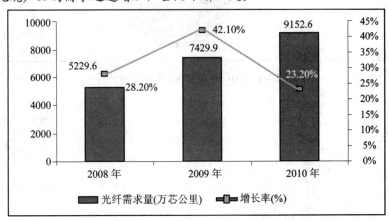

图 10-7　2008 年—2010 年中国光纤市场需求量与增长

6. 无线网络优化服务市场：运营商重视网络优化服务，提升用户体验

在无线网络优化服务领域，2010 年中国市场规模达到 142.7 亿元，比 2009 年增长 26.5%(参见图 10-8)，增速有所放缓，第三方无线网络优化服务厂商继续占据市场的主导地位。各大电信运营商更加注重无线网络优化服务的发展，把无线网络优化作为提升客户网络体验的重要工具。与此同时，用于无线网络优化服务的无线网络优化仪器仪表也向智能化、自动化方向发展。

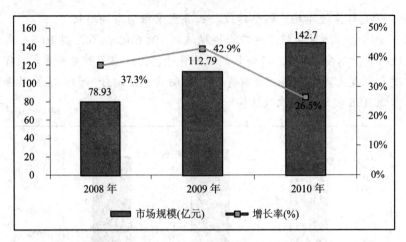

图 10-8　2008 年—2010 年中国无线网络优化服务市场规模与增长

7. 3G 业务市场：业务加速发展，运营商加快布局

在 3G 业务方面，2010 年中国 3G 业务市场规模达到 1947.2 亿元，比 2009 年增长 19.0%(参见图 10-9)。移动多媒体、移动商务类业务迅速发展，成为 3G 业务的热点。移动运营商加紧优质业务产业布局，避免在 3G 时代沦为管道。

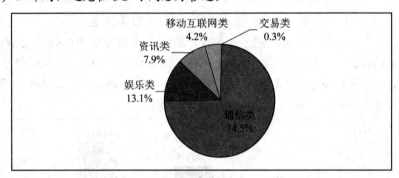

图 10-9　2010 年中国 3G 业务市场结构

资料来源：赛迪顾问

附录 实 训

训练项目 1 组建通信模拟公司

【实训目标】

1. 理解电信营销的概念，培养初步运用营销思想建立现代企业的能力；

2. 培养分析、归纳与讲演的能力。

【实训内容与组织】

根据本章所学知识，调研通信产业，模拟组建通信公司。

1. 以自愿为原则，6~8 人为一组，组建"××大学生公司"，确定公司的经营范围，拟建公司名称。

2. 共同制定企业文化、组织结构、宣传形象等，确定公司总经理，完成公司的初步组建。

3. 结合企业文化，设计 LOGO。

4. 结合市场现状，讨论分析公司怎样满足客户需求，制定营销战略目标及举措。

5. 制作相关文档及演讲 PPT。

6. 每个公司推荐一名成员发表企业宣讲，汇报讨论成果及观点。

7. 小组间进行对抗式辩论。

8. 由教师与学生评委对各公司的组建情况(含竞聘提纲)进行评估打分。

【实训作业】

1. 拟建公司名称及业务范围。

2. 企业文化、组织结构。

3. 企业 LOGO。

4. 营销战略与举措。

5. 提交相关 WORD 及 PPT 文档。

训练项目 2　电信公司营销理念及环境分析

【实训目标】

1. 理解电信营销理念；
2. 掌握 SWOT 分析法；
3. 培养分析、归纳与讲演的能力；
4. 培养整理文档的能力。

【实训内容与组织】

根据本章所学知识，根据训练项目 1 组建的模拟通信公司，进行环境分析：

1. 利用互联网、报刊杂志、图书馆等查找二手资料，调研行业背景、市场现状。
2. 小组讨论分析影响本企业的宏观环境因素和微观环境因素有哪些。
3. 结合同行业企业，小组讨论分析本企业的优势和劣势。
4. 建立 SWOT 分析矩阵，小组完成 SWOT 分析研究报告。
5. 经过分析，制定本企业的营销计划与方案。
6. 形成书面文档及演讲 PPT。
7. 每个公司推荐一名成员发表宣讲，汇报讨论成果及观点。
8. 小组间进行对抗式辩论。
9. 由教师与学生评委对各公司的汇报展示进行评估打分。

【实训作业】

1. 调研行业背景、市场现状。

2. SWOT 分析矩阵。

3. 本企业的宏观环境因素。

4. 本企业的微观环境因素。

5. 本企业的优势。

6. 本企业的劣势。

7. 制定本企业的营销计划与方案。

8. 提交相关 WORD 及 PPT 文档。

训练项目 3　电信公司调研

【实训目标】

1. 了解市场调研的基本步骤；

2. 能够设计市场调研问卷；

3. 掌握收集整理调研问卷的方法并进行分析归纳；

4. 培养分析、归纳与讲演的能力；

5. 培养整理文档的能力。

【实训内容与组织】

根据模拟通信公司的经营范围及客户，进行市场调研：

1. 各公司在实训前需向指导教师提交公司营销调查计划，包括调查课题名称(如业务经营调研、促销活动效果调研等)、选题背景、调查内容等。对营销调查项目的可行性和科学性进行论证，经指导教师批准后方可进行下一步。

2. 收集资料，小组共同讨论，设计市场调查问卷。要求：设计问题不得少于 15 个，模板规范，设计合理。调研问卷经指导教师审核后，方可进行下一步。

3. 打印调研问卷。

4. 选择适当的时间、地点、调研对象进行发放问卷与回收工作。要求至少回收 50 份问卷。

5. 整理调查的数据资料，各公司按照调查的目标任务要求进行归类整理。

6. 对数据进行发掘分析，形成市场调研分析报告，并提出问题与建议。

7. 形成书面文档及演讲 PPT。

8. 每个公司推荐一名成员发表宣讲，汇报讨论成果及观点。

9. 小组间进行对抗式辩论。

10. 由教师与学生评委对各公司的汇报展示进行评估打分。

【实训作业】

1. 公司营销调查计划，包括调查课题名称、选题背景、调查内容等。

2. 设计问卷，说明设计分析思路。

3. 整理问卷，归类采用的调研方法。

4. 发掘分析，提出问题与建议。

5. 提交相关 WORD 及 PPT 文档。

训练项目 4 目标市场与市场细分

【实训目标】

1. 掌握市场细分的基本原则；

2. 掌握 STP 步骤；

3. 初步具备 STP 战略分析能力；

4. 培养分析、归纳与讲演的能力；

5. 培养整理文档的能力。

【实训内容与组织】

根据模拟通信公司的经营范围及客户进行 STP 战略分析：

1. 以本公司的通信产品或业务(如移动、宽带、固话、3G、手机等)为对象，在充分了解电信客户需求的基础上，按照市场细分的基本要求和步骤进行细分。各公司在规定时间内组织集中讨论并形成相应的市场细分方案，主要包括：

① 本行业市场上主要的通信产品品牌；

② 购买的客户有哪些；

③ 客户主要的细分变量；

④ 描述各类客户的特点；

⑤ 本企业有能力满足的目标客户群。

2. 各公司根据前述市场研究，以及所做的市场细分，结合自己公司的实力、资源及特点，选择确定自己的目标市场。各模拟公司利用所学的目标市场知识，结合消费者需求、市场容量大小、竞争对手、企业自身状况进行审慎选择。

3. 为自己所模拟公司的产品进行所在市场的定位策划，制定各自公司的目标市场方案。

4. 形成书面文档及演讲 PPT。

5. 每个公司推荐一名成员发表宣讲，汇报讨论成果及观点。

6. 小组间进行对抗式辩论。

7. 由教师与学生评委对各公司的汇报展示进行评估打分。

【实训作业】

1. 市场细分方案。

2. 分析、确定目标市场。

3. 市场定位方案。

4. 提交相关 WORD 及 PPT 文档。

训练项目5 产品策略

【实训目标】

1. 理解电信产品组合的概念；

2. 能够制定产品策略方案；

3. 培养分析、归纳与讲演的能力；

4. 培养整理文档的能力。

【实训内容与组织】

各小组组建运营商，如中国电信、中国移动、中国联通：

1. 查阅资料，分析我国通信行业现状，包括市场现状、消费者需求、品牌定位、产品特点等。

2. 各公司根据前述市场研究，结合 3G 市场，分析本企业现状，包括公司目前存在的问题、未满足的客户需求、未来的挑战等。

3. 设计一份具有市场潜力的通信新业务产品开发方案，包括业务特点、目标客户、品牌设计、方案策略等。

4. 形成书面文档及演讲 PPT。

5. 每个公司推荐一名成员发表宣讲，汇报讨论成果及观点。

6. 小组间进行对抗式辩论。

7. 由教师与学生评委对各公司的汇报展示进行评估打分。

【实训作业】

1. 简述我国通信行业现状。

2. 简述企业现状。

3. 简述新产品开发方案。

4. 提交相关 WORD 及 PPT 文档。

训练项目6　价格策略

【实训目标】

1. 掌握产品定价的主要方法；
2. 能够制定价格策略方案；
3. 培养分析、归纳与讲演的能力；
4. 培养整理文档的能力。

【实训内容与组织】

各小组组建手机终端制造商和运营商(目前市场已有企业)：

1. 查阅资料，分析我国手机行业现状，包括市场现状、消费者需求、品牌定位、产品特点等。

2. 各公司根据前述市场研究，结合 3G 市场，分析本企业现状，包括公司目前存在的问题、未满足的客户需求、未来的挑战等。

3. 设计一款具有市场潜力的新款手机，包括手机功能、定位、目标客户、品牌设计、产品策略、定价方案等。

4. 形成书面文档及演讲 PPT。

5. 每个公司推荐一名成员发表宣讲，汇报讨论成果及观点。

6. 小组间进行对抗式辩论。

7. 由教师与学生评委对各公司的汇报展示进行评估打分。

【实训作业】

1. 简述我国手机行业现状。

2. 简述企业现状。

3. 结合新款手机的特点，制定营销方案。

4. 提交相关 WORD 及 PPT 文档。

训练项目7 渠道策略

【实训目标】

1. 掌握电信渠道营销的结构类型及特点；

2. 能够制定渠道策略方案；

3. 培养分析、归纳与讲演的能力；

4. 培养整理文档的能力。

【实训内容与组织】

各小组组建电信设备制造商企业(目前国际及国内市场已有企业):

1. 查阅资料，分析目前国际主流设备制造商企业的现状，包括市场现状、企业特点、品牌定位、渠道特点等。

2. 各公司根据前述市场调研，结合 3G 市场，分析本企业现状，包括公司目前存在的问题、未满足的客户需求、未来的挑战等。

3. 根据通信企业自身特点及客户群的不同，进行电信模拟渠道设计。

4. 形成书面文档及演讲 PPT。

5. 每个公司推荐一名成员发表宣讲，汇报讨论成果及观点。

6. 小组间进行对抗式辩论。

7. 由教师与学生评委对各公司的汇报展示进行评估打分。

【实训作业】

1. 简述国际设备制造商的现状。

2. 简述企业现状。

3. 简述本公司电信模拟渠道设计。

4. 提交相关 WORD 及 PPT 文档。

训练项目 8　推销情景模拟

【实训目标】

1. 掌握电信促销的类型及特点；

2. 理解推销内涵，掌握推销的步骤、方法、技巧；

3. 初步具备销售人员的职业能力。

【实训内容与组织】

各小组组建电信模拟公司，选取特定商品进行推销。

1. 设计推销方案：

(1) 了解产品特点，分析客户需求，设计推销思路。

(2) 设计推销情景，角色要求有推销员、客户、推销员观察者、客户观察者等。

各团队除一名评委外，其余队员均需参加表演。角色确定后将名单交给辅导老师。

2. 上门推销情景表演，包括以下 5 个步骤：

(1) 事前准备：要求有电话预约，注意职业形象及相关资料准备。

(2) 接近拜访：要求礼仪得体、大方。

(3) 把握情况：了解客户需求。

(4) 介绍产品：向客户推销产品及服务(介绍产品、服务，处理客户异议，诱导客户成交)。低级推销员讲产品特点，中级推销员讲产品优点，高级推销员讲产品利益点。

(5) 促成交易。

3. 推销效果反馈：

推销员观察者对推销员进行评判；客户观察者对客户进行评判。

4. 由教师与学生评委对各团队的模拟表演进行评估打分。

【实训作业】

1. 设计推销方案

1) 产品特性分析

特　　征	优　点	利　益	问　　题

2) 利用 SPIN(S：Situation Questions；P：Problem Questions；I：Implication Questions；N：Need-pay off Questions)工作表进行沟通准备

S：状况询问。

目的：用来探求购买者现状的真实信息。

你的准备：

_____。

P：问题询问。

目的：从客户的状况中发现问题。

针对客户的_____提问，引诱客户说出隐含需求。

你的准备：

_____。

I：暗示询问。

目的：关于客户关心的问题产生的后果的询问。

针对客户的抱怨和不满，暗示其不解决会带来的隐患。

你的准备：

_____。

N：需求满足的提问。

目的：鼓励客户积极提出解决对策的问题。

将客户的_____转化成_____的渴望，同时告诉客户可以得到_____。

你的准备：

_____。

3) 向客户说明产品：

特　征	优　点	利　益	证明材料

4) 处理客户异议

结合情景，预想客户可能存在的异议，作应答准备。例如：

你们的产品没有××公司的好_____。

我没有时间_____。

我现在不需要_____。

价格太贵了_____。

考虑考虑再说_____。

你们的产品有××问题_____

_____。

2. 推销效果反馈

推销员考核表：

推销员姓名：　　　　　　　　客户姓名：　　　　　　　　观察员姓名：

考核项目 (共6项，每项2分，满分12分)	具体考核指标 (使用到相关技巧则在旁边打"√")	得分(总分72分)	
观察点1：(12分) 职业形象 与礼仪	自信(2分)		
	进门后充分表现出对客户的尊重(2分)		
	着装，仪表仪容，行、站、坐姿得体，具有良好的职业形象(2分)		
	谈吐得体，语速、语调合适(2分)		
	交谈时与客户目光交流合适(2分)		
	肢体语言(2分)		
观察点2：(12分) 接近拜访	1. 打招呼(1分)		
	2. 微笑(1分)		
	3. 目光(1分)		
	4. 走姿(1分)		
	5. 自我介绍(2分)		
	6. 递名片(1分)		
	7. 表达谢意(1分)		
	8. 音量(1分)		
	9. 握手(1分)		
	10. 说明来意：引出的第一个话题是否吸引客户的注意(2分)		
观察点3：(12分) 了解情况， 把握需求	通过询问把握客户需求：		
	1. 状况询问(2分)		
	2. 问题询问(2分)		
	3. 暗示提问(2分)		
	4. 需求提问(2分)		
	5. 通过适当的提问，发掘客户存在的问题(2分)		
	6. 准确把握到客户需求(2分)		

续表

观察点 4：(12 分) 介绍产品 的技巧	FABE 的应用(2 分)		
	产品特性(2 分)		
	效用或优势(2 分)		
	好处或利益(2 分)		
	证明(2 分)		
	表达有条理，流畅，客户容易理解(2 分)		
观察点 5：(12 分) 促成交易 的技巧	总结利益法(2 分)		
	其他方法运用恰当(2 分)		
观察点 6：(12 分) 客户异议处理	有效处理客户异议(2 分)		
	客户异议 1(2 分)		
	客户异议 2(2 分)		
	客户异议 3(2 分)		
对推销员的总评			总计：

客户考核表：

客户扮演要求	具体考核指标(使用到相关技巧则在旁边打"√")	得分(总分 10 分)
理解/揣摩 客户心理	关注客户考虑的：价格因素/品质因素/性价比/ 客户的消费观念/预期投入/服务等(2 分)	
理解预演内容	1. 充分展现顾客的感受和体验，能将特定客户 的性格特点充分展现(2 分)	
	2. 巧妙模仿客户对上门推销持有的四种不同态 度：接受、怀疑、冷淡、异议等(1 分)	
扮演技巧	1. 语言表现逼真，流畅，得体(1 分)	
	2. 对对方的态度和行为及时反应，能符合角色 (需要配合对方)，表演得体到位(1 分)	
模拟真实	1. 扮演要真实自然，不能太合作或太不合作 (1 分)	
	2. 能表现客户对于推销以及陌生人的防范心理 (1 分)	
表演指标	至少要拒绝一次(1 分)	
对客户的总评		总计

训练项目 9 综合战略方案

【实训目标】

1. 掌握电信企业营销管理过程；
2. 能够制定市场战略营销方案；
3. 培养分析、归纳与讲演的能力；
4. 培养整理文档的能力。

【实训内容与组织】

各小组筹建模拟通信公司，确定经营范围，并进行新产品开发：

1. 查阅资料，分析行业的发展状况及本公司情况，进行 SWOT 分析。
2. 利用 STP(Segment Target Positioning)战略进行市场细分、目标市场的选择、市场定位。
3. 制定 4P 战略：产品策略、价格策略、促销策略、渠道策略。
4. 每个模拟公司撰写"市场营销战略方案"，形成书面文档及演讲 PPT。
5. 每个公司推荐一至两名成员发表宣讲，汇报讨论成果及观点。
6. 小组间进行对抗式辩论。
7. 由教师与学生评委对各公司的汇报展示进行评估打分。

【实训作业】

1. 筹建的模拟通信公司所在的行业状况。

2. 简述企业现状、SWOT 矩阵。

3. 简述 STP 战略。

4. 4P 营销组合。

5. 提交相关 WORD 及 PPT 文档。

训练项目 10　企业和产品宣讲实训

【实训目标】

1. 了解通信产业链中不同类型的企业；
2. 了解常见的通信产品性能、特点；
3. 培养分析、归纳与讲演的能力；
4. 培养整理文档的能力。

【实训内容与组织】

全班每一位同学在通信产业链中找一个企业，介绍企业的相关信息：

1. 介绍企业的经营理念、企业文化。
2. 介绍企业的主要产品，包括产品的技术参数、性能、价格等。
3. 介绍企业的用人需求、招聘要求。
4. 教师在开课初期完成第十章的讲授，并安排学生本实训项目，在后续的每一次课中，安排 2 人～3 人进行企业和产品宣讲，直到课程结束，让每个学生都开展一次宣讲。

【实训作业】

1. 通信公司的经营理念、企业文化。

2. 企业主要产品的技术参数、性能、价格等。

3. 企业的市场份额、行业地位、产品的典型应用。

4. 企业的用人需求、招聘要求。

5. 提交相关 WORD 及 PPT 文档。

参 考 文 献

[1]　胥学跃. 电信营销管理. 北京：北京邮电大学出版社，2007.

[2]　杨瑞桢. 通信企业市场营销. 北京：人民邮电出版社，2009.

[3]　马宁. 华为与中兴通讯：中国两大通信巨头的营销战略与竞争策略. 北京：中国经济出版社，2007.

[4]　王立新. 通信市场营销案例研究. 北京：北京邮电大学出版社，2007.

[5]　www.baidu.com

[6]　通信产业网. www.ccidcom.com